Sobreviver nas empresas

Aprenda a lidar com um mau ambiente de trabalho

Actual Editora
Conjuntura Actual Editora, S. A.

Missão
Editar livros no domínio da Gestão e da Economia e tornar-se uma editora de referência nestas áreas. Ser reconhecida pela sua qualidade técnica, **actualidade** e relevância de conteúdos, imagem e *design* inovador.

Visão
Apostar na facilidade e compreensão de conceitos e ideias que contribuam para informar e formar estudantes, professores, gestores e todos os interessados, para que através do seu contributo participem na melhoria da sociedade e gestão das empresas em Portugal e nos países de língua oficial portuguesa.

Estímulos
Encontrar novas edições interessantes e **actuais** para as necessidades e expectativas dos leitores das áreas de Economia e de Gestão. Investir na qualidade das traduções técnicas. Adequar o preço às necessidades do mercado. Oferecer um *design* de excelência e contemporâneo. Apresentar uma leitura fácil através de uma paginação estudada. Facilitar o acesso ao livro, por intermédio de vendas especiais, *website*, *marketing*, etc.
Transformar um livro técnico num produto atractivo.
Produzir um livro acessível e que, pelas suas características, seja **actual** e inovador no mercado.

COLECÇÃO CARREIRA

Sobreviver nas empresas
Aprenda a lidar com um mau ambiente de trabalho

ROBERT SUTTON

www.actualeditora.com
Lisboa — Portugal

Actual Editora
Conjuntura Actual Editora, S. A.
Rua Luciano Cordeiro, 123- 1º Esq.
1069-157 Lisboa
Portugal

TEL: (+351) 21 3190240
FAX: (+351) 21 3190249

www.actualeditora.com

www.businesspublishersroundtable.com

Título original: *The No Asshole Rule*
Copyright © 2007 by Robert Sutton
Autor: Robert Sutton
Edição original publicada por Warner Business Books.

Edição Actual Editora – Maio 2010
Todos os direitos para a publicação desta obra em Portugal reservados por Conjuntura Actual Editora, S. A.

Tradução: Florence Carp
Revisão: Marcelina Amaral
Design da capa: Brill Design
Paginação: RPVP Designers
Gráfica: Guide – Artes Gráficas, Lda
Depósito legal: 311083/10

Biblioteca Nacional de Portugal - Catalogação na Publicação

SUTTON, Robert

Sobreviver nas empresas : aprenda a lidar com um mau ambiente de trabalho. - (Carreira ; 2)
ISBN 978-989-8101-88-4

CDU 331

Nenhuma parte deste livro pode ser utilizada ou reproduzida, no todo ou em parte, por qualquer processo mecânico, fotográfico, electrónico ou de gravação, ou qualquer outra forma copiada, para uso público ou privado (além do uso legal como breve citação em artigos e críticas) sem autorização prévia por escrito da Conjuntura Actual Editora.

Este livro não pode ser emprestado, revendido, alugado ou estar disponível em qualquer forma comercial que não seja o seu actual formato sem o consentimento da sua editora.

Vendas especiais:
O presente livro está disponível com descontos especiais para compras de maior volume para grupos empresariais, associações, universidades, escolas de formação e outras entidades interessadas. Edições especiais, incluindo capa personalizada para grupos empresariais, podem ser encomendadas à editora. Para mais informações, contactar Conjuntura Actual Editora, S. A.

Índice

Prefácio	**9**
1) O que fazem os idiotas no local de trabalho e porque conhecemos tantos	**15**
2) Os estrago está feito: porque é que todos os locais de trabalho precisam da regra	**31**
3) Como implementar a regra, aplicá-la, e mantê-la viva	**51**
4) Como impedir que o "imbecil que há em si" se manifeste	**83**
5) Quando os idiotas mandam: dicas para sobreviver em locais de trabalho e a pessoas desagradáveis	**109**
6) As virtudes dos idiotas	**131**
7) A regra "idiotas não" como forma de vida	**151**
Leitura adicional	**159**
Agradecimentos	**163**

Para a Eve, Claire, e Tyler, com todo o meu amor.

Prefácio

QUANDO ME DEPARO COM UMA PESSOA mal intencionada, a primeira coisa que penso é: "Eh pá, que idiota!"

Aposto que também é o seu caso. Podemos chamar-lhes *bullies**, detestáveis, imbecis, fuinhas, atormentadores, tiranos, críticos severos em série, déspotas, ou egocêntricos puros, mas para mim, *"idiota"* é a palavra que capta melhor o medo e o desprezo que sinto por estas pessoas desagradáveis. Escrevi este livro porque muitos de nós, infelizmente, acabamos por ter de lidar, em qualquer altura, com idiotas no nosso local de trabalho. *Sobreviver nas empresas* mostra como essas personagens destrutivas prejudicam outros seres humanos e minam o desempenho da organização. Este pequeno livro mostra, também, como manter esses imbecis longe do nosso local de trabalho, como modificar aqueles que temos de aturar, como expulsar os que não conseguem ou não querem mudar a sua maneira de ser, e como limitar melhor os estragos provocados por essas pessoas detestáveis que rebaixam os outros.

A primeira vez que ouvi falar da "regra idiotas não" foi há mais de quinze anos, numa reunião na Universidade de Stanford. O nosso pequeno departamento era um local de trabalho muito apoiante e colegial, especialmente quando comparado com a crueldade insignificante mas implacável que permeia grande parte

---

* **N. T.** *"Bullies"* são as pessoas que fazem *bullying*

da vida académica. Nesse dia em particular, o nosso presidente, Warren Hausman, liderava uma discussão sobre quem deveríamos contratar para novo membro da faculdade.

Um dos meus colegas propôs que contratássemos um investigador de renome de outra faculdade, o que levou outro a dizer: "Oiçam, não me interessa se esse tipo ganhou o Prémio Nobel, ... só não quero nenhum idiota a estragar o nosso grupo." Todos nós demos uma boa gargalhada, mas depois começámos a falar, a sério, sobre como afastar do nosso grupo imbecis arrogantes e que rebaixam os outros. A partir desse momento, quando discutíamos contratações para a faculdade, era legítimo qualquer um de nós questionar a decisão com a pergunta: "O candidato parece esperto, mas pode esta contratação violar a "regra idiotas não"?" E era isso que fazia do departamento um lugar melhor.

A linguagem noutros locais de trabalho é mais polida, incluindo regras contra ser um "imbecil", um "fuinha", ou um *bully*. Outras vezes, a regra é aplicada mas sem ser dita. Qualquer que seja a forma que a regra tenha, um local de trabalho que aplique a "regra idiotas não" é onde eu quero estar, e não nas centenas de organizações que ignoram, desculpam, ou mesmo encorajam a crueldade.

Eu não tencionava escrever *Sobreviver nas empresas*. Tudo começou em 2003, com uma proposta mais ou menos séria que eu fiz à *Harvard Business Review* quando a respectiva editora-chefe, Julia Kirby, me perguntou se eu tinha algumas sugestões para a lista anual de "Ideias Inovadoras" da *HBR*. Disse-lhe que a melhor prática de negócio que eu conhecia era *"a regra idiotas não"*, mas a *HBR* era demasiado respeitável, distinta e, muito francamente, demasiado conservadora para imprimir essa suave obscenidade nas suas páginas. Argumentei que versões menos fortes e censuradas como "a regra imbecis não" ou "a regra *bullies* não" não tinham o mesmo grau de autenticidade ou de apelo emocional, e que eu apenas estaria interessado em escrever um artigo se a expressão "a regra idiotas não" fosse, de facto, impressa.

Eu esperava que a *HBR* me recusasse de forma educada. No íntimo, esperava poder-me queixar da visão ingénua e agradável da vida organizacional apresentada nas páginas da *HBR* – que os seus editores não tinham coragem para imprimir uma linguagem que reflectisse a forma como as pessoas pensam e falam na realidade.

Estava enganado. A *HBR* não só publicou a regra (sob o título "More Trouble Than They're Work") na sua secção "Ideias Inovadoras", em Fevereiro de 2004, como a palavra "idiota" foi impressa um total de oito vezes nesse pequeno artigo! Depois de o artigo ter sido publicado tive uma surpresa ainda maior. Até escrever essa coluna, tinham sido publicados quatro outros artigos meus na *HBR*, e estes tinham gerado alguns *e-mails*, telefonemas e perguntas por parte da imprensa. Mas essas reacções foram insignificantes quando comparadas com a avalanche de comentários provocada pelo artigo "Idiotas não", apesar de enterrado no meio de outras 19 "Ideias Inovadoras". Eu recebi uma quantidade enorme de *e-mails* de resposta ao artigo "Idiotas não" (e um artigo de *follow-up* que publiquei na *CIO Insight*), e continuo a receber *e-mails* todos os meses.

O primeiro *e-mail* que recebi foi de um gestor numa empresa de tectos que me disse que o artigo o tinha finalmente inspirado a fazer algo relativamente a um funcionário produtivo, mas abusador. A partir daí comecei a receber mensagens em catadupa de pessoas com variados empregos e de diversas partes do mundo: um jornalista italiano, um consultor de gestão espanhol, um contabilista da Towers-Perrin em Boston, um "Ministro Conselheiro para a Gestão" da Embaixada Americana em Londres, o gerente de um hotel de luxo em Xangai, um gestor de benefícios num museu em Pittsburgh, o CEO* da Mission Ridge Capital, um investigador no Supremo Tribunal dos Estados Unidos, e por aí fora.

Também esperava que os meus colegas académicos que estudam tópicos como *bullying*** e agressão no trabalho achassem o termo "idiota" demasiado cru e impreciso, mas muitos manifestaram apoio, incluindo um que escreveu: "O seu trabalho sobre a «regra idiotas não» teve, certamente, impacto em mim e nos meus colegas. De facto, nós muitas vezes especulamos que seríamos capazes de prever uma grande proporção da variância na satisfação no trabalho

---

* **N. T.** CEO significa *chief executive officer*, ou seja, o presidente da comissão executiva de uma empresa.

** **N. T.** *Bullying* é um termo inglês, ainda sem tradução para o português, que significa comportamentos agressivos e hostis, nomeadamente, actos de agressão física ou verbal que ocorrem repetidamente e sem motivação evidente.

com um "item idiota completo". Basicamente, se pudéssemos perguntar se o chefe é um idiota, não precisaríamos de mais itens no questionário. [...] Deste modo, concordo que, apesar de potencialmente ofensiva, não existe outra palavra capaz de descrever tão bem este tipo de pessoa na sua essência".

O meu pequeno artigo na *HBR* gerou também notícias na imprensa, artigos, e entrevistas sobre a regra, que saíram nos meios de comunicação social, incluindo na National Public Radio, na *Fortune Small Business* e, a minha preferida, uma coluna de Aric Press, editor-chefe da *American Lawyer*, que encorajava as sociedades de advogados a instituir "auditorias a imbecis". O Sr. Press propôs aos líderes das empresas o seguinte: "O que eu estou a sugerir é que façam a vós próprios a pergunta: porque é que aturamos este comportamento? Se a resposta for 2500 horas facturadas em valor, pelo menos terão identificado as vossas prioridades sem ter o custo de um consultor."

É claro que os advogados e as sociedades de advogados não são caso único. Na prática, encontramos pessoas desagradáveis em todas as ocupações e países; por exemplo, as expressões "arse" e "arsehole" e, mais educadamente, "a nasty piece of work" são, amiúde, pronunciadas no Reino Unido e enquadram-se no rol de sinónimos da palavra "idiota". O termo "asshat" é uma variação não tão rude que é popular nas comunidades *on-line*. "Assclown" é uma versão que foi popularizada pela estrela da World Wrestling Entertainment, Chris Jericho e pelo *The Office*, a série de televisão inglesa (e agora americana) de sucesso, que retrata um chefe opressivo e idiota. Qualquer que seja o nome que queiramos dar a estas pessoas detestáveis, muitas delas não têm a noção do seu próprio comportamento. Pior ainda, algumas orgulham-se dele. Outros imbecis ficam perturbados e envergonhados com o seu comportamento mas não conseguem conter ou controlar a sua crueldade. Todos se equivalem, no entanto, na capacidade de irritar, rebaixar e provocar danos aos seus pares, superiores, subordinados, e por vezes até aos seus clientes.

O que me convenceu a escrever *Sobreviver nas empresas* foi o medo e o desespero demonstrado por todas estas pessoas, os truques que usavam para sobreviver com dignidade em locais infestados de idiotas, as histórias de vingança que me fizeram dar gargalhadas, e as outras pequenas vitórias celebradas contra

Prefácio

pessoas mal intencionadas. Também escrevi *Sobreviver nas empresas* porque existem muitas provas de que locais de trabalho civilizados não são um sonho ingénuo, que eles existem, e que o desprezo penetrante pode ser eliminado e substituído por respeito mútuo quando uma equipa ou uma organização é gerida da forma correcta – e locais de trabalho civilizados geralmente gozam também de um desempenho superior. Espero que este livro tenha repercussões e console todos aqueles que se sentem oprimidos pelos imbecis com quem trabalham, de quem estão ao serviço, ou se esforçam para liderar. Também espero que lhe forneça ideias práticas para afastar e modificar pessoas desagradáveis, e, quando isso não for possível, que o ajude a limitar os estragos que essas pessoas detestáveis provocam a si e no seu local de trabalho.

ROBERT SUTTON
Junho de 2006

Capítulo 1

O que fazem os idiotas e porque conhecemos tantos

QUEM É QUE MERECE SER ROTULADO DE IDIOTA? Muitos de nós utilizamos o termo indiscriminadamente, aplicando-o a qualquer um que nos aborreça, nos atrapalhe, ou tenha mais sucesso do que nós. Mas é útil uma definição precisa se quisermos implementar a regra "idiotas não". Esta pode ajudar-nos a diferenciar aqueles colegas e clientes de quem simplesmente não gostamos daqueles que merecem o rótulo. Pode ajudar-nos a separar pessoas que estão a ter um dia mau ou um momento mau ("idiotas temporários") de imbecis destrutivos e desagradáveis ("idiotas certificados"). E uma boa definição pode ajudar-nos a explicar aos outros PORQUE é que o nosso colega de trabalho, chefe, ou cliente merece o rótulo – ou perceber porque é que os outros nos chamam idiotas (pelo menos nas nossas costas) e a razão pela qual merecemos o rótulo.

Os investigadores que escrevem sobre os abusos psicológicos no local de trabalho definem-nos como "a manifestação sustentada de um comportamento hostil, verbal e não verbal, excluindo o contacto físico". Essa definição é útil mas limitada. Não é suficientemente detalhada para que se possa entender o que fazem os idiotas e como afectam os outros. Uma experiência que tive enquanto jovem assistente da faculdade é instrutiva para entender como se definem os "idiotas" neste pequeno livro. Quando cheguei a Stanford, então um investigador de 29 anos, eu era um professor extremamente nervoso, ineficaz e inexperiente. Tive avaliações como professor bastante más no meu primeiro ano e foram merecidas. Trabalhei para me tornar mais eficiente na sala de aula, e fiquei satisfeito ao receber o "prémio de melhor professor" (eleito pelos estudantes) do meu departamento na nossa cerimónia de fim de curso no final do meu terceiro ano. Mas o meu contentamento durou apenas minutos.

Evaporou-se quando uma colega invejosa veio ter comigo, logo depois de os alunos de licenciatura saírem, e me deu um grande abraço. Mas ela, secreta e habilmente, extraiu qualquer pingo de alegria que eu pudesse sentir ao sussurrar ao meu ouvido, num tom condescendente (enquanto ostentava um grande sorriso para todos verem), "Bem, Bob, agora que satisfizeste os bebés aqui no *campus*, talvez possas assentar e fazer trabalho que se veja".

Esta memória dolorosa exemplifica os dois testes que utilizo para identificar se uma pessoa se está a comportar como uma idiota.

> **TESTE Nº 1**: Depois de falarem com o alegado idiota, os seus "alvos" sentem-se oprimidos, humilhados, sem energia, ou menosprezados por essa pessoa? Em especial, sentem-se pior com eles mesmos?
>
> **TESTE Nº 2:** Será que o alegado idiota visa, com o seu veneno, pessoas que são menos poderosas do que outras mais poderosas?

Posso assegurar-vos que depois desta interacção, que durou menos de um minuto, me senti pior. Passei de um sentimento de felicidade máxima relativamente ao meu desempenho no trabalho, para um sentimento de preocupação pelo facto de o prémio que recebi na qualidade de professor poder vir a ser considerado um sinal de que eu não levava o trabalho de investigação (o critério principal na avaliação dos professores de Stanford) suficientemente a sério. Este episódio mostra também que apesar de alguns idiotas causarem estragos através da raiva declarada e da arrogância, nem sempre é assim que acontece. Pessoas que insultam e menosprezam em voz alta os seus subordinados e rivais são mais fáceis de apanhar e disciplinar. Uma pessoa falsa que nos apunhala pelas costas, como a minha colega, do tipo que tem perícia e controlo emocional suficientes para escolher o momento certo para fazer mal sem ser apanhada, é mais difícil de travar, mesmo podendo causar tantos estragos quanto um louco enraivecido.

Existem muitas outras acções, a que os sociólogos chamam "manobras de interacção" ou, simplesmente, "manobras", que os idiotas usam para rebaixar e apoucar as suas vítimas. Fiz uma lista de 12 manobras comuns, as doze patifarias, para ilustrar a abrangência destes comportamentos subtis e não subtis utilizados pelos idiotas. Estou certo de que haverá outras manobras a adicionar a esta lista que o leitor tenha visto, às quais tenha sido sujeito, ou que tenha feito a outros quase todos os dias. Eu oiço falar e leio sobre novas manobras mal intencionadas. Quer estejamos a falar de insultos pessoais, ataques à posição social (manobras rápidas que deitam abaixo a posição social e o orgulho), rituais de humilhação ou de "degradação da posição social", "piadas" que são um mecanismo de insulto, ou a considerar as pessoas como se fossem invisíveis, estas e centenas de outras manobras têm em comum o facto de poderem deixar os seus alvos com a sensação de estarem a ser atacados e, muitas vezes, apoucados, mesmo que apenas momentaneamente. Estes são os meios que os idiotas utilizam para fazer mal.

Tabela nº 1
As Doze Patifarias
Acções comuns do dia-a-dia utilizadas pelos idiotas

1. Insultos pessoais.
2. Invasão do "território pessoal" do outro.
3. Contacto físico indesejável.
4. Ameaças e intimidação, tanto verbais como não verbais.
5. "Piadas sarcásticas" e "provocações" utilizadas como "mecanismo de insulto".

6. Críticas negativas por *e-mail* para enfraquecer o outro.
7. Ataques à posição social com a intenção de humilhar as suas vítimas.
8. Rituais de humilhação pública ou de "degradação da posição social".
9. Interrupções grosseiras.
10. Ataques de falsidade.
11. Olhares desagradáveis.
12. Tratar as pessoas como se fossem invisíveis.

As coisas pouco simpáticas que a minha colega me sussurrou ao ouvido ajudam a mostrar a diferença entre um idiota temporário e um idiota certificado. Não é justo chamar a alguém "idiota certificado" com base num único episódio como este; podemos apenas chamar-lhe "idiota temporário". Por isso, apesar de eu poder descrever a colega na minha história como sendo uma idiota temporária, precisaríamos de mais informação antes de a rotularmos de "idiota certificada". Quase todos nós nos comportamos como idiotas de tempos a tempos; eu declaro--me culpado em várias acusações. Uma vez zanguei-me com um membro do pessoal administrativo que eu pensava (erradamente) que estava a tentar tirar um gabinete ao nosso grupo. Mandei-lhe um *e-mail* insultuoso com cópia para a chefe dela, para outros membros da faculdade e para os seus subordinados. Ela disse-me: "Você fez-me chorar". Mais tarde pedi-lhe desculpa. E apesar de eu não passar a vida a rebaixar as pessoas, sou culpado de ter sido um imbecil nesse episódio. (Se nunca se comportou como um idiota pelo menos uma vez na vida, por favor contacte-me imediatamente. Quero saber como é possível realizar tal façanha digna de um super-homem).

É muito mais difícil conseguirmos ser idiotas certificados: uma pessoa precisa de apresentar um padrão persistente, ter um histórico de episódios em que, uns após outros, os "alvos" se ficam a sentir menosprezados, desanimados, humilhados, desrespeitados, oprimidos, sem energia, e a sentir-se pior com eles mesmos. Os psicólogos fazem a distinção entre estados (sentimentos transitórios, pensamentos e acções) e traços (características duradouras da personalidade) procurando consistência no lugar e no tempo – se alguém tem, consistentemente, comportamentos que originam um rasto de vítimas pelo caminho, merece ser considerado um idiota certificado.

Todos nós temos potencial para nos comportarmos como idiotas em condições adversas, quando estamos sob pressão ou, em especial, quando o nosso local de trabalho encoraja todos, especialmente os "melhores" ou as pessoas "mais poderosas", a comportarem-se dessa forma. Apesar de ser melhor utilizar o termo de forma parcimoniosa, algumas pessoas merecem mesmo ser atestadas de idiotas pois são sistematicamente desagradáveis no lugar e do tempo. "Chainsaw" Al Dunlap é um candidato bem conhecido. Este antigo CEO da Sunbeam escreveu um livro denominado *Mean Business* e ficou famoso pelos insultos verbais com que minava os seus funcionários. No livro de John Byrne, *Chainsaw*, um executivo da Sunbeam descreveu Dunlap "como um cão a ladrar para nós durante horas [...] Só berrava, perdia a cabeça, e enfurecia-se. Era condescendente, hostil, e desrespeitador".

Outro candidato é o produtor Scott Rudin, conhecido como um dos manda--chuvas de Hollywood mais desagradáveis. O *Wall Street Journal* estimou que ele teve 250 assistentes pessoais entre 2000 e 2005; Rudin defendeu-se dizendo que nos seus registos apenas constavam 119 (mas admitiu que essa estimativa excluía assistentes que tivessem durado menos de duas semanas). Os seus ex-assistentes contaram ao *Wall Street Journal* que Rudin praguejava e gritava com eles, frequentemente. Um deles disse ter sido despedido por ter trazido a Rudin o *muffin** errado ao pequeno-almoço, facto de que o Sr. Rudin não se lembrava mas admitia ser "perfeitamente possível". A revista *on-line Salon* cita uma antiga assistente que recebeu um telefonema de Rudin às 6h30 a pedir-lhe para lembrá-lo de enviar flores à Angelica Houston pelo seu aniversário. Às 11h00 da mesma manhã, Rudin chamou-a ao seu gabinete e gritou-lhe "Sua idiota! Esqueceu-se de me lembrar de encomendar flores para o aniversário da Angelica Houston".

---

* **N. T.** Um *muffin* é um pequeno bolo, que se parece de aspecto com um queque, que pode apresentar-se em diferentes variedades e sabores (como por exemplo, pedaços de chocolate, laranja, cenoura, entre outros).

Esta antiga assistente acrescentou: "E à medida que ele desaparecia, lentamente, atrás da porta automática, a última coisa que vejo é ele a fazer-me um gesto obsceno com o dedo".

Mas este comportamento não é exclusivo dos homens. Linda Wachner, uma antiga CEO da Warnaco, ficou conhecida por rebaixar publicamente os funcionários que não atingiam objectivos de desempenho ou "simplesmente por lhe desagradarem". Chris Heyn, um antigo presidente da divisão de camisas de Hathaway da Warnaco, disse ao *New York Times* que "quando não atingíamos os números, ela repreendia-nos e fazia-nos sentir insignificantes, e era assustador". Outros antigos funcionários contaram que os ataques de Wachner eram muitas vezes "pessoais e não profissionais, e muitas vezes incluíam referências grosseiras a sexo, raça ou etnia".

Os chefes famosos não são os únicos a apoucar os seus subordinados de forma persistente. Muitos dos *e-mails* que recebi após o meu artigo na *Harvard Business Review* eram histórias de chefes que menosprezavam e insultavam os seus subordinados dia após dia. Vejamos a história de um leitor que me escreveu da Escócia: "Uma mulher que eu conheço tinha um chefe horrível. Ela trabalhava num escritório muito pequeno que nem sequer tinha casa de banho. Ela engravidou e, por conseguinte, precisava de ir regularmente à casa de banho. Não só tinha de ir a uma loja vizinha, como o chefe começou a achar que as visitas eram muito frequentes e passou a contar esse tempo como pausas e horário de almoço!" Ou o caso da antiga secretária de uma grande empresa de serviços públicos que me contou que se tinha despedido porque a sua chefe estava sempre a tocar-lhe nos ombros e no cabelo.

Ou vejamos este excerto duma entrevista que Harvey Hornstein (autor de *Brutal Bosses and their Prey*) fez a uma vítima de várias humilhações:

> "Billy," disse ele, de pé junto à porta para que todas as pessoas na área central nos pudessem ver e ouvir com clareza. "Billy, isto não é tolerável, de todo"... Enquanto falava, amachucava os papéis que tinha nas mãos. O meu trabalho. Amachucava os papéis, um a um, pegando-lhes como se fossem uma coisa suja e deixando-os cair dentro do meu gabinete, com toda a gente a olhar.

Depois disse em voz alta, "Lixo dentro, lixo fora". Comecei a falar mas ele cortou-me a palavra. "Dás-me o lixo, agora limpa-o". E eu fi-lo. Pela porta eu via as pessoas a desviarem o olhar pois estavam envergonhadas por mim. Nem queriam ver o que tinham pela frente: um homem de 36 anos, de fato, dobrado, em frente ao chefe, a apanhar pedaços de papel amachucado.

Se estas histórias forem exactas, todos estes chefes mereciam ser certificados de idiotas pois eram sistematicamente desagradáveis para com as pessoas com quem trabalhavam, especialmente com os seus subordinados. Isto leva-nos ao **TESTE Nº 2**: se o alegado idiota visa com o seu veneno pessoas *menos poderosas* e não aquelas com mais poder. O comportamento da minha colega na cerimónia de fim de curso em Stanford cumpre o requisito porque quando o episódio aconteceu ela tinha um cargo mais alto e mais poderoso do que eu.

Esta noção de que a forma como alguém com uma posição social superior trata outra de posição social inferior é um bom teste de carácter não é uma ideia apenas minha. Um teste que reflecte o mesmo espírito foi utilizado por Sir Richard Branson, fundador do império Virgin, para classificar candidatos para um *reality show* da televisão onde ele escolhia "bilionários em bruto". "The Rebel Billionaire"* foi pensado para competir com o programa de enorme sucesso de Donald Trump, "The Apprentice"**. No primeiro episódio, Branson foi buscar os concorrentes ao aeroporto disfarçado de motorista velhote com artrite; e expulsou dois deles do programa por o terem tratado tão mal por pensarem que ele era um ser humano "irrelevante".

Mais uma vez, existe uma diferença entre casos isolados em que as pessoas se comportam como idiotas e pessoas que são idiotas certificados,

---

* **N. T.** "The Rebel Billionaire" é um *reality show*, que passa na Fox, no qual Richard Branson desafia os concorrentes a desempenhar tarefas que mostrem qual deles é o mais dotado para assumir a presidência do império Virgin.

** **N. T.** "The Apprentice" é um *reality show*, que passa na NBC, apresentado por Donald Trump, no qual os concorrentes competem para ganhar um contrato de um ano para gerir uma das empresas de Trump.

Sobreviver nas empresas

que visam com o seu veneno, consistentemente, pessoas menos poderosas e, muito raramente, se é que o fazem, pessoas mais poderosas. John R. Bolton, o polémico embaixador dos Estados Unidos nas Nações Unidas, cumpre o critério se o testemunho dado no Congresso Norte-Americano for correcto. O presidente George W. Bush tomou a decisão polémica de nomear Bolton quando este estava na iminência de não ser confirmado pelo Congresso. A reputação de Bolton de insultar psicologicamente os seus colegas desencadeou o frenesi dos *media* em torno da sua nomeação. Melody Townsel, por exemplo, testemunhou ter sentido na pele a crueldade de Bolton quando estava destacada para trabalhar na Agência Norte-Americana para o Desenvolvimento Internacional (USAID) em Moscovo, em 1994. Townsel informou que Bolton se tornou hostil para com ela depois dela se ter queixado da incompetência de um cliente que Bolton (um advogado) representava.

Na carta, de 2005, que Townsel escreveu à Comissão de Relações Internacionais do Senado, ela declarou que "o Sr. Bolton começou a perseguir-me pelos corredores de um hotel russo, a atirar-me coisas, a pôr cartas ameaçadoras por debaixo da minha porta e, no geral, a comportar-se como um louco" e que "durante quase duas semanas, enquanto eu aguardava novas directrizes [...] John Bolton perseguia-me de uma maneira tão assustadora que acabei por fugir para o meu quarto de hotel e lá permaneci. O Sr. Bolton, claro, visitava-me rotineiramente para me bater à porta e gritar ameaças". Townsel acrescentou: "Ele fazia comentários sem escrúpulos acerca do meu peso, do meu guarda-roupa e, com mais dois líderes da equipa, da minha sexualidade".

Num outro depoimento à Comissão de Relações Internacionais, um antigo subordinado de Bolton, Carl Ford Jr. (um colega do Partido Republicano), descreveu-o como "um tipo de pessoa que bajula ou destrói". Para mim, se estes relatos forem verdadeiros, Bolton corresponde à definição de idiota certificado pois os seus insultos apresentam um padrão persistente, e não são apenas algo fora do normal, que tenha acontecido uma ou duas vezes por estar a ter um dia mau.

Não substituir os idiotas por pessoas fracas e clones educados

Também é importante definir o termo "idiota" porque este livro *não* defende que se recrute e gira pessoas fracas e sem carácter. A minha intenção é, francamente, seleccionar, modificar e afastar pessoas que rebaixam e provocam danos em outras, especialmente àqueles com relativamente pouco poder. Se estiver interessado em aprender sobre as virtudes de falar baixo e as *nuances* de etiqueta no local de trabalho, então deve ler algo escrito pela Sr.ª Manners*. Eu acredito firmemente nas virtudes do conflito, até mesmo das discussões barulhentas e muitos indícios confirmam a minha opinião. As empresas e as equipas que reprimem as discordâncias tendem a ter um fraco desempenho. As organizações que são demasiado limitadas e rígidas sobre quem contratam asfixiam a criatividade e tornam-se locais sombrios cheios de clones entediantes.

O tipo certo de fricção pode ajudar todas as organizações. Um exemplo famoso é o de Andy Grove, co-fundador e ex-CEO da Intel, pessoa com capacidade de argumentação e com uma enorme determinação. Mas Grove é conhecido por ser alguém que se atém aos factos e que gosta de desafiar os outros (desde engenheiros da Intel acabados de contratar, aos alunos a quem ensina estratégia de gestão em Stanford, a executivos de topo da Intel) a contestar as suas ideias. Para Grove, o foco foi sempre encontrar a verdade, e não humilhar os outros. Não só abomino pessoas fracas e subservientes e sem personalidade, como há fortes indícios de que estas prejudicam as organizações. Uma série de experiências controladas e estudos de campo em organizações demonstra que quando as equipas entram em conflito por causa de ideias numa atmosfera de respeito mútuo, elas desenvolvem melhores ideias e têm um desempenho melhor. É por esta razão que a Intel ensina os seus funcionários a lutar pelas suas ideias, exigindo que todos os novos contratados tenham aulas de "confronto construtivo". Estes mesmos estudos mostram, no entanto, que quando os membros das equipas entram em conflitos pessoais – quando lutam por ódio ou raiva –

---

* **N. T.** Ms. Manners é o pseudónimo utilizado por Judith Martin, uma jornalista e escritora americana que é considerada uma autoridade em questões de etiqueta.

a sua criatividade, desempenho, e satisfação no trabalho vão por água abaixo. Por outras palavras, quando as pessoas se comportam como um conjunto de idiotas, o grupo como um todo fica prejudicado.

Também gostaria de dizer uma palavra a favor das pessoas socialmente inábeis, algumas das quais, sem culpa própria, são tão insensíveis em termos sociais que por vezes se comportam, sem querer, como idiotas. É certo que pessoas com uma "inteligência emocional" elevada, que são especializadas em adoptar a perspectiva das outras pessoas com quem se cruzam e têm a capacidade de ir ao encontro das suas necessidades e sentimentos, são agradáveis de ter por perto e bem apetrechadas para assumir posições de liderança. No entanto, muitos funcionários extremamente valiosos comportam-se de forma estranha, têm dificuldades de socialização, e magoam os outros inadvertidamente – em resultado de várias coisas, desde serem criados em famílias disfuncionais, a terem deficiências como síndrome de Asperger, transtornos de aprendizado não verbais, e síndrome de Tourette.

Há alguns anos escrevi um livro sobre como construir organizações criativas, intitulado *Weird Ideas that Work*. À medida que fazia a investigação, fiquei espantado com a quantidade de líderes de sucesso, de empresas de alta tecnologia e de organizações criativas, que tinham aprendido a ignorar o aspecto diferente e as maneiras estranhas dos candidatos, a subestimar observações socialmente desadequadas, e em vez disso a concentrar-se naquilo que as pessoas podiam de facto fazer. Foi Nolan Bushnell, o fundador da Atari, a primeira empresa de jogos para computador de grande sucesso, quem me falou sobre isto pela primeira vez. Bushnell disse-me que embora procurasse pessoas de marketing que falassem bem, quando se tratava de pessoas técnicas apenas lhe interessava o seu trabalho porque "os melhores engenheiros às vezes estão em corpos que não conseguem falar". Mais tarde, soube mesmo que estudantes de cinema em instituições como a Universidade da Southern California acreditam que os "talentos", em especial os guionistas, que parecem ser um bocado estranhos, são vistos como mais criativos, e por isso eles desenvolvem, conscientemente, maneiras estranhas e vestem-se de forma bizarra, um processo a que chamam "trabalhar para ter um aspecto diferente".

Os indícios vão ao encontro da experiência: os locais de trabalho têm *imensos* idiotas

Não conheço qualquer investigação académica que analise "a preponderância dos idiotas na organização moderna" ou "os movimentos interpessoais dos idiotas no local de trabalho: forma e frequência". Mas sei que cada um dos meus amigos e conhecidos diz trabalhar com, pelo menos, uma dessas pessoas detestáveis. E quando as pessoas sabem que estou a escrever sobre este tópico, nem tenho de lhes pedir histórias sobre esses imbecis, elas procuram-me e contam-me uma série delas.

Esta maré de episódios divertidos e angustiantes pode reflectir as minhas próprias idiossincrasias. Desconfio que me ofendo mais facilmente com insultos pessoais do que a maior parte das pessoas, especialmente por parte de pessoas que são grosseiras, desagradáveis, ou emocionalmente distantes durante encontros de trabalho. Também sou casado com uma advogada, ocupação que tem a merecida reputação de ter mais idiotas autoritários do que a conta, que são pagos para ser, por vezes, intimidadores, mas que também ajudam algumas das pessoas mais perturbadas da nossa sociedade em alguns dos períodos mais difíceis das suas vidas. E porque tenho um interesse de longa data neste tópico, procuro informação sobre pessoas desagradáveis e lembro-me melhor delas do que, digamos, de bons samaritanos, de atletas famosos, ou de pessoas invulgarmente espertas.

Existe também um grande conjunto de investigações académicas que chegam à mesma conclusão. Estas são conduzidas em temas como *bullying*, agressão interpessoal, abusos emocionais, supervisão abusiva, autoritarismo (*petty tyranny*), e falta de civismo no local de trabalho. Estes estudos mostram que muitos locais de trabalho estão infestados de "manobras interpessoais", que fazem as pessoas sentir-se ameaçadas e rebaixadas, manobras essas que são, muitas vezes, feitas por pessoas mais poderosas relativamente às menos poderosas.

Consideremos algumas conclusões:

- Um estudo de 1997 de Loraleigh Keashly e Karen Jagatic apurou que 27 por cento dos trabalhadores, numa amostra representativa de 700 pessoas residentes no Michigan, foram objecto de algum tipo de maus tratos por

Sobreviver nas empresas

alguém do local de trabalho, com aproximadamente uma em cada seis a relatar a existência de abusos psicológicos contínuos.

- Num estudo de 2002 sobre agressão no local de trabalho e *bullying* no Departamento de Assuntos dos Veteranos de Guerra Norte-Americano, Loraleigh Keashly e Joel Neuman questionaram cerca de 5000 funcionários sobre a exposição a 60 "comportamentos negativos no local de trabalho": 36 por cento declararam existir "hostilidade persistente" da parte de colegas de trabalho e supervisores, o que significava "ser objecto de pelo menos um comportamento agressivo por semana durante o período de um ano". Cerca de 20 por cento dos funcionários da amostra declararam sentir-se "moderadamente" a "bastante" incomodados por comportamentos agressivos e abusivos, incluindo gritos, ataques de mau génio, humilhações, olhares fulminantes, exclusão, intrigas desagradáveis, e (em raras ocasiões) "empurrar, dar encontrões, morder, dar pontapés, e outras agressões sexuais e não sexuais".

- Estudos com enfermeiros sugerem que estes são maltratados num grau particularmente elevado. Num estudo realizado com 130 enfermeiros norte-americanos descobriu-se que aproximadamente 90 por cento deles tinham sofrido insultos verbais, por parte dos médicos, no ano transacto; o inquirido em média relatava seis a doze casos de raiva insultuosa, ser ignorado ou tratado de forma paternalista. De igual modo, um estudo de 2003, envolvendo 461 enfermeiros e publicado no *Orthopaedic Nursing*, concluiu que no mês transacto 91 por cento haviam sido insultados verbalmente, o que definiram como um tratamento que os atacava, apoucava ou humilhava. Os médicos eram geralmente a fonte destas patifarias, mas também havia referências a pacientes, os seus familiares, outros enfermeiros e os seus supervisores.

Quando eu era aluno de licenciatura na Universidade do Michigan, passei uma semana com o Daniel Denison a entrevistar e a observar uma equipa de enfermeiros de cirurgia, e ficámos chocados com a forma absolutamente abusiva e claramente grosseira com que os médicos do sexo masculino tratavam os enfermeiros, na sua grande maioria do sexo feminino. Um exemplo é o de um cirurgião que apelidámos de "Dr. Gooser" depois de o vermos a perseguir uma enfermeira pelo corredor enquanto lhe tentava dar um beliscão no rabo. As enfermeiras que entrevistámos queixaram-se amargamente de que era escusado fazer queixa dele aos administradores pois seriam acusadas de estar a criar um caso e lhes diriam "ele estava apenas a brincar". Por isso o melhor que podiam fazer era evitá-lo o mais que pudessem.

Christine Pearson e os seus colegas fizeram uma pesquisa abrangente sobre a "falta de civismo no local de trabalho", uma forma mais suave de crueldade do que o abuso emocional ou o *bullying*. A análise de 800 funcionários determinou que dez por cento assistiam diariamente a faltas de civismo nos seus empregos e que 20 por cento eram alvos directos de falta de civismo pelo menos uma vez por semana. Pearson e os seus colegas fizeram um outro estudo sobre falta de civismo no local de trabalho entre 126 empregados de escritório canadianos que indicou que aproximadamente 25 por cento assistiam a algum tipo de falta de civismo no trabalho todos os dias e 50 por cento afirmaram ser alvos directos de falta de civismo pelo menos uma vez por semana.

Os investigadores europeus gostam mais da expressão "*bullying*" do que de "abuso psicológico". Charlotte Rayner e os seus colegas analisaram estudos de *bullying* em locais de trabalho na Grã-Bretanha, e estimaram que 30 por cento dos trabalhadores britânicos se confrontam com *bullies* pelo menos semanalmente. Um estudo britânico com mais de 5000 empregados dos sectores público e privado concluiu que cerca de dez por cento tinham sido vítimas de *bullying* nos seis meses anteriores, cerca de 25 por cento já tinham sido vítimas de *bullying*, e quase 50 por cento tinham assistido a *bullying* nos últimos cinco anos. Estudos realizados no Reino Unido concluíram que as taxas mais elevadas de *bullying* no local de trabalho acontecem a trabalhadores nas prisões, nas escolas, e nos correios, mas também revelaram taxas elevadas numa amostra de 594 "médicos internos"*: 37 por cento afirmaram ter sido vítimas de *bullying* no ano anterior e 84 por cento indicaram ter assistido a *bullying* cujos alvos eram colegas de internato.

---

* **N. T.** Um médico interno é aquele que, após a conclusão do curso de medicina, se encontra num período de formação pós-graduada que conduz à obtenção do grau de especialista.

Uma série de outros estudos mostra que o abuso psicológico e o *bullying* são comuns noutros países, incluindo a Áustria, a Austrália, o Canadá, a Alemanha, a Finlândia, a Irlanda, e a África do Sul. Uma amostra representativa de funcionários australianos, por exemplo, mostrou que 35 por cento informaram ser insultados por pelo menos um colega de trabalho e 31 por cento disseram ser insultados por pelo menos um superior. E um estudo focado em "provocação desagradável", numa amostra representativa de cerca de 5000 funcionários dinamarqueses, apurou que mais de seis por cento eram sistematicamente expostos a este tipo específico de *bullying* no local de trabalho. No III Inquérito Europeu sobre Condições de Trabalho, baseado em 21 500 entrevistas presenciais com funcionários de países da União Europeia, nove por cento informaram ter sido expostos a intimidação e *bullying*, de forma contínua.

Grande parte desta crueldade é dirigida pelos superiores em relação aos seus subordinados (as estimativas são de 50 por cento a 80 por cento); é um pouco menor entre colegas de trabalho que estejam mais ou menos ao mesmo nível hierárquico (as estimativas são de 20 por cento a 50 por cento), e em menos de um por cento dos casos ocorre crueldade "para cima", quando os subordinados ameaçam os seus superiores. Dados sobre a proporção de homens relativamente a mulheres envolvidos neste tipo de crueldade são confusos, apesar de ser evidente que os homens e as mulheres têm aproximadamente a mesma taxa de vitimização. E é especialmente claro que a parte de leão do *bullying* e abuso psicológico ocorre "entre sexos", com maiores probabilidades de os homens ameaçarem outros homens, e as mulheres ameaçarem outras mulheres. Um inquérito feito na *web* realizado pelo Instituto de Trauma e *Bullying* no Local de Trabalho*, por exemplo, concluiu que 63 por cento das mulheres eram vítimas de outras mulheres, e 62 por cento dos homens eram vítimas de outros homens.

Continuamos sem saber se o *bullying* e os abusos tendem a ser praticados, com maior regularidade, por homens ou por mulheres, e alguns dos melhores

---

* **N. T.** Em inglês, Workplace Bullying and Trauma Institute, organização norte-americana que se dedica à erradicação do *bullying* no local de trabalho.

estudos (incluindo o estudo representativo com funcionários do Michigan de Loraleigh Keashly e Karen Jagatic) não mostram diferenças discerníveis entre sexos, embora estudos europeus sugiram uma maior probabilidade de os abusadores serem homens. Estudos europeus também mostram ser comum uma vítima ser objecto de *bullying* por parte de um grupo de pessoas (*mobbing*), geralmente por homens e mulheres. Resumindo, o estereótipo do imbecil pode ser um homem, mas existe também um grande número de mulheres em todos os países estudados que rebaixa, menospreza, e retira energia aos seus pares e subordinados.

A lista de textos académicos sobre *bullying*, abuso psicológico, *bullying* por parte de um grupo de pessoas (*mobbing*), tiranos e falta de civismo no local de trabalho é interminável, com centenas de artigos e capítulos publicados. Estimativas sobre quem está a fazer o quê a quem dependem da população estudada e da forma como o tipo específico de abuso no local de trabalho é definido e medido. Mas os indícios são fortes: há por aí muito idiota.

A melhor medida do carácter humano

Diego Rodriguez trabalha na IDEO, uma pequena empresa de inovação que estudei e com a qual trabalhei durante mais de dez anos. Vou falar bastante da IDEO, uma vez que é um local de trabalho bastante civilizado. Diego encoraja as organizações a desenvolver "um detector de idiotas à prova de bala e de choque". Este capítulo propõe dois passos para detectar idiotas: em primeiro lugar, identificar as pessoas que persistentemente fazem com que os outros se sintam rebaixados e sem energia; em segundo lugar, ver se as suas vítimas têm menos poder e posição social do que os seus agressores.

Estes testes implicam uma lição ainda mais fundamental, que apresentamos neste livro: *A diferença entre a forma como uma pessoa trata os que não têm poder e a forma como trata os poderosos é a melhor medida do carácter humano que conheço.* Eu descrevi a forma como o Richard Branson delineou este teste para ajudá-lo a decidir quem despedir e quem manter no seu programa de televisão "The Rebel Billionaire". Embora por acaso, vi muito a mesma coisa, em Stanford, mas em menor escala. Há vários anos, conheci o exemplo perfeito de um membro da faculdade que podemos qualificar como idiota à luz deste teste. Ao ser abordado com um pedido de ajuda por parte de um aluno de Stanford, ele a princípio ignorou-o e recusou-se a ajudar este estudante, que estava enredado em burocracia. Mas quando este membro da faculdade soube que os pais do aluno eram executivos poderosos e que tinham feito uma doação generosa à faculdade, o outrora altivo membro da faculdade transformou-se, de imediato, num ser humano cheio de charme e prestativo.

Para mim, quando uma pessoa é habitualmente calorosa e civilizada em relação a pessoas de posição social inferior ou desconhecida, isso significa que essa pessoa é um ser humano decente, como dizem em iídiche, "um verdadeiro *mensch*", o oposto de um idiota certificado. Pequenas decências não só nos fazem sentir como podem ter, também, outras compensações. A doce lição aprendida pelo meu antigo aluno Charlie Galunic, aluno bolsista pela Canadian Rhodes Scholars Foundation, é um exemplo ilustrativo. Charlie é actualmente professor de Gestão no Insead, em França, e é uma das pessoas com mais consideração pelos outros que já conheci. Charlie contou-me uma história encantadora sobre algo que aconteceu numa estação de comboios fria e cheia de gente, em Kingston, no estado de Ontário, no dia em que viajava para Toronto para as suas entrevistas da bolsa de Rhodes. Charlie estava sentado à espera do comboio quando reparou num casal mais velho que estava à espera, de pé. Sendo Charlie como era, ofereceu de pronto a ambos o seu lugar, que estes aceitaram de bom grado. No dia seguinte, Charlie encontrou o casal numa recepção para os finalistas da bolsa, em Toronto, e verificou que o marido era um dos membros da comissão de selecção. Charlie não tem a certeza se esta pequena decência o ajudou a obter a prestigiada bolsa ou não, mas gostaria de pensar que sim.

Escrevi este livro para ajudar as pessoas a construir organizações em que *menschen* como o Charlie são muitas vezes contratados e festejados. E, roubando uma frase de Groucho Marx, para criar locais de trabalho onde "o tempo magoa todas as pessoas sem escrúpulos"*, ou pelo menos, modifica ou afasta essas pessoas detestáveis.

---

* **N. T.** No original "time wounds all heels"

Capítulo 2

Os danos provocados: porque é que todos os locais de trabalho precisam da regra

AS ORGANIZAÇÕES PRECISAM DA "REGRA IDIOTAS NÃO" porque pessoas mal intencionadas provocam grandes danos às suas vítimas, aos espectadores que sofrem por tabela, ao desempenho organizacional, e a elas próprias. Os danos sofridos pelas vítimas são muito evidentes: este foi, certamente, o tema central das histórias, muitas vezes angustiantes, que as pessoas me contaram em resposta ao que escrevi sobre o mal que os idiotas fazem. Uma das histórias mais eloquentes e preocupantes que recebi chegou-me num *e-mail* enviado por um antigo investigador do Supremo Tribunal dos Estados Unidos:

> "Tenho estado na situação mais desagradável de uma organização, o terceiro ramo do Governo, que permitiu que o pólo oposto da "regra idiotas não" prosperasse. É certo que não houve violência física, nem danos aparentes, a não ser que analisemos em profundidade as razões que levam a empalidecer, a ter o ritmo cardíaco aumentado, para o número de visitas ao médico, ou para as compras

de medicamentos não sujeitos a receita médica. No entanto, as cicatrizes psicológicas a longo prazo, tanto a nível pessoal como organizacional, são por demais evidentes para todos aqueles que quiserem indagar e ouvir. Eu senti-as na pele [...] vi e sofri padrões de abuso nos mais altos níveis do Governo".

Oiça vítimas e espectadores como este investigador que suportou o pior destas pessoas detestáveis. Fale com gestores, advogados de direito do trabalho, consultores, e formadores de executivos que se vêem a braços com problemas de "gestão de idiotas". Leia investigação académica sobre temas incluindo *bullying*, abusos emocionais, autoritarismo (*petty tyranny*), assédio moral, *bullying* por parte de um grupo de pessoas (*mobbing*), agressão interpessoal e "mau comportamento". As más notícias são constantes – no conjunto, constituem um rasto inquietante de indícios sobre os danos provocados por idiotas temporários e certificados. Pense no pior da ruína organizacional e humana.

Os danos provocados às vítimas

Os danos provocados pelas investidas humilhantes e não solicitadas por parte de chefes, colegas de trabalho e clientes perversos estão bastante bem documentados. Também o estão os danos causados a vítimas de discriminação religiosa ou racial, que são, muitas vezes, excluídas, menosprezadas e tratadas como se fossem invisíveis. Mas também há cada vez mais indícios de que os idiotas que não discriminam podem causar estragos aos seus alvos. Os efeitos nefastos do comportamento idiota são confirmados por muitos estudos nos Estados Unidos, na Europa (especialmente no Reino Unido), e mais recentemente na Austrália e nos países asiáticos.

A investigação de Bernard Tepper sobre supervisão abusiva, por exemplo, examinou uma amostra representativa de 712 funcionários numa cidade do *Midwest* dos Estados Unidos. Ele apurou que muitos destes funcionários tinham chefes que os ridicularizavam, rebaixavam, deixavam de falar com eles, e que os insultavam, por exemplo: "Diz-me que sou incompetente" e "Diz-me que os meus pensamentos ou sentimentos são estúpidos". Estes actos degradantes

Os danos provocados: porque é que todos os locais de trabalho precisam da regra

afastaram as pessoas das organizações e diminuíram a eficiência dos que ficaram. Uma análise posterior, realizada ao fim de seis meses, concluiu que os funcionários que tinham supervisores abusivos despediam-se mais cedo do que o normal. E aqueles que ainda estavam presos ao seu emprego sentiam um menor grau de satisfação com a vida e com o trabalho, tinham um empenho reduzido para com os seus empregadores, e sofriam mais de depressão, ansiedade e esgotamento. Conclusões semelhantes são reveladas em dezenas de outros estudos em que as vítimas relatam reduzida satisfação no trabalho e produtividade, dificuldade de concentração no trabalho, e ainda problemas de saúde, físicos e mentais, incluindo dificuldade em dormir, ansiedade, sentimento de inutilidade, fadiga crónica, irritabilidade, raiva e depressão.

Os efeitos provocados pelos idiotas são devastadores pois retiram a energia e a auto-estima às pessoas, principalmente através dos efeitos acumulados de pequenos actos que rebaixam, não tanto através de um ou dois episódios dramáticos. Um exemplo é o do chefe de escritório que me disse que a sua chefe nunca levantava a voz, mas que ele "morria um bocadinho" cada vez que tinha uma reunião no gabinete dela e ela o tratava "como um nada". Descreveu como ela raramente o olhava nos olhos durante as conversas; em vez disso, olhava através dele para se ver, a ela própria, no espelho que estava atrás do lugar onde ele normalmente se sentava, admirando-se a ela própria, às vezes arranjando-se e embelezando-se, outras vezes parecendo fazer pequenos ajustamentos nas suas expressões faciais e na sua forma de falar para melhorar o que via no espelho. Histórias de humilhações públicas extremas são mais dramáticas e mais fáceis de lembrar, mas são estas pequenas indignidades que causam estragos ao longo dos dias que vão passando.

Os breves olhares desagradáveis, as provocações e piadas que são, na realidade, insultos e humilhações públicas camufladas, as pessoas que nos tratam como se fôssemos invisíveis, que nos excluem de reuniões grandes e pequenas, todas esses pedacinhos desagradáveis da vida da organização, não só magoam no momento, mas têm efeitos cumulativos na nossa saúde mental e no nosso empenho face aos nossos chefes, pares, e organizações.

Os idiotas têm efeitos cumulativos devastadores em parte porque as interacções desagradáveis têm um impacto muito maior no nosso estado de espírito do que as interacções positivas; VALEM POR CINCO, de acordo com investigação recente. Andrew Miner, Theresa Glomb e Charles Hulin fizeram um estudo pertinente em que cada um dos 41 funcionários tinha consigo um pequeníssimo computador. Cada um preenchia um breve questionário no aparelho em quatro intervalos aleatórios ao longo do dia de trabalho, durante um período de duas a três semanas. Depois de ser avisado pelo aparelho, era-lhe apresentado um pequeno questionário no ecrã, e o funcionário tinha vinte minutos para informar (entre outras coisas) se tinha tido ou não interacção recente com um supervisor ou um colega de trabalho, e se esta fora positiva ou negativa. Os funcionários preenchiam uma lista sobre o seu estado de espírito actual, se estavam "tristes", "satisfeitos", "felizes", e por aí fora. Os funcionários tinham mais interacções positivas do que negativas; por exemplo, cerca de 30 por cento das interacções com colegas de trabalho eram positivas e dez por cento eram negativas. Mas as interacções negativas tinham *um efeito cinco vezes maior sobre o estado de espírito do que as interacções positivas* – por isso, as pessoas desagradáveis têm uma carga muito mais forte do que as pessoas mais civilizadas que se lhe opõem.

Estas conclusões ajudam a explicar porque é que os actos degradantes são tão devastadores. São necessários muitos encontros com pessoas positivas para contrabalançar a energia e a felicidade que são retiradas por um único episódio passado com um idiota.

Os que apanham por tabela

Os idiotas não provocam danos apenas nos alvos directos dos seus abusos. Colegas de trabalho, familiares, ou amigos que assistem, ou apenas ouvem falar destes incidentes desagradáveis sofrem por tabela. Bernard Tepper descobriu que os funcionários com supervisores abusivos enfrentavam conflitos maiores entre trabalho e família, concordando com afirmações como "As exigências do meu trabalho interferem com a minha vida em casa e em família". O sofrimento, indirecto, por detrás deste tipo de respostas secas aos inquéritos está explícito neste *e-mail* que uma esposa aflita me enviou:

"O meu marido é um dos altos quadros que reportam directamente a um determinado CEO imbecil. Nós mudámo-nos do *Midwest* por causa desta "oportunidade". É mau demais. Os outros altos quadros que estão logo abaixo dele juntam-se nos gabinetes uns dos outros para se apoiarem, mas têm todos consciência de que qualquer um deles poderia decidir desistir de lutar e, então, o *stress* seria redistribuído pelas que ficassem. Os insultos verbais que o meu marido descreve são inacreditáveis e eu sei que ele não me conta as coisas piores".

Os efeitos em cascata que atingem testemunhas e espectadores, mesmo aqueles que não são testemunhas directas do idiota em acção, foi descrito pelo investigador do Supremo Tribunal dos Estados Unidos já citado:

"O impacto nos indivíduos foi devastador, mesmo naqueles que não tinham contacto com os abusadores. Relatos fiéis das interacções criaram um monstro mítico mas real (e outros monstros depois desse) que todos temiam. O impacto na organização e na sua capacidade para responder às necessidades internas e externas era igualmente nocivo. A desconfiança era palpável e crescente. A comunicação ficou reduzida a *e-mails* "CC"*, a longos e detalhados memorandos e a reuniões com testemunhas participantes. A fuga criativa desencadeou a utilização de mensagens de *voice-mail* fora do horário de trabalho, a realização de acordos secretos entre aqueles que confiavam uns nos outros, e o recurso pródigo a baixas por doença."

Os investigadores europeus conseguiram reunir os melhores indícios sobre os efeitos em cascata. Tal como vimos no capítulo 1, um estudo britânico de *bullying* com mais de 5000 funcionários apurou que apesar de 25 por cento terem sido vítimas nos últimos cinco anos, quase 50 por cento tinham testemunhado incidentes de *bullying*. Um outro estudo britânico com mais de 700 funcionários

---

* **N. T.** "CC" significa "Com Conhecimento" e é o campo em que se coloca o endereço de *e-mail* de alguém que queremos que fique a par do conteúdo da mensagem escrita. Na versão original, a sigla utilizada é "CYA" que significa "Cover Your Ass", no sentido de protecção de quem escreve a mensagem.

do sector público determinou que 73 por cento daqueles que assistiram a incidentes de *bullying* sentiram um aumento de *stress* e que 44 por cento ficaram com medo de se tornarem, também, alvos. Um estudo norueguês com mais de 2000 funcionários de sete sectores de actividade diferentes apurou que 27 por cento dos funcionários afirmaram que o *bullying* reduzia a sua produtividade, apesar de menos de dez por cento terem declarado ter sido vítimas. O medo que os *bullies* injectam no local de trabalho parece explicar grande parte destes danos adicionais; investigações no Reino Unido determinam que mais de um terço das testemunhas tinha vontade de intervir para ajudar as vítimas mas teve medo de o fazer. Os *bullies* afastam as testemunhas e os espectadores dos seus empregos, tal como fazem com as suas vítimas directas. Pesquisas resumidas por Charlotte Rayner no Reino Unido sugerem que cerca de 25 por cento das vítimas de *bullying* e aproximadamente 20 por cento das testemunhas acabam por se despedir. Assim, os idiotas não prejudicam apenas as suas vítimas directas: os seus meios de acção perversos podem inquinar toda a gente num determinado local de trabalho, incluindo as suas próprias carreiras e reputações.

Os idiotas também sofrem

Os imbecis que rebaixam os outros são vítimas das suas próprias acções, sofrem atrasos na carreira e, por vezes, humilhações. Uma característica evidente dos idiotas é que estes retiram energia às suas vítimas e espectadores. Pessoas que deixam os outros sistematicamente sem energia põem em cheque o seu próprio desempenho.

Rob Cross e os seus colegas da Universidade da Virgínia pediram a pessoas em três "redes" organizacionais diferentes – consultores de estratégia, engenheiros e estatísticos – que avaliassem cada um dos seus colegas de trabalho relativamente à seguinte questão: "Quando interage, numa situação normal, com esta pessoa, como é que isso afecta o seu nível de energia?" Cross e os colegas descobriram que incutir energia nos outros era um dos pontos mais importantes das avaliações de desempenho. Os consultores de estratégia eram especialmente propensos a atribuir classificações mais baixas aos que "retiravam energia" aos outros. Por isso, a lição a tirar é a seguinte: se retirar a energia às pessoas pode ao mesmo tempo estar a matar a sua própria carreira.

Os idiotas também sofrem, porque mesmo quando desempenham um bom trabalho noutros aspectos, são despedidos. A alta funcionária do Governo que provocou tantos danos ao investigador do Supremo Tribunal e aos seus colegas acabou por ser "afastada" das suas funções. Apesar do seu histórico de vitórias e dos seus muitos fãs, Bob Knight, treinador de Indiana*, acabou por ser despedido por ter perdido a calma vezes sem conta. Sim, há situações em que comportar-se como um idiota tem as suas vantagens; irei abordar estes aspectos positivos no capítulo 6. Apesar disso, no geral, agir como uma pessoa detestável e insensível prejudica, ao invés de melhorar, o seu desempenho, assim como a sua reputação. A melhor prova é que os imbecis têm sucesso apesar de utilizarem meios de acção perversos e não porque os utilizam.

Pode haver, também, uma enorme humilhação para os idiotas que são desmascarados. Depois de Linda Wachner ter sido despedida do cargo de CEO da Warnaco, que tinha problemas financeiros, em 2001, desconfio que ela ficou magoada e envergonhada com um longo artigo que saiu no *New York Times* que descrevia o rol de indignidades que ela alegadamente infligira às pessoas no seu percurso. O *Times* informou que ela fazia amiúde comentários éticos e raciais depreciativos. O seu parceiro de negócios, Calvin Klein, afirmou: "Ela é insultuosa para com o nosso pessoal. Em termos verbais, o seu linguajar é repugnante". Vários dos seus antigos subordinados informaram que uma "prática comum" de Wachner era fazer telefonemas à noite, a uma hora já bastante tardia, para funcionários de quem ela não gostava, a insistir para que fossem ao gabinete dela para uma reunião, no dia seguinte de manhã cedo: "Então, deixava-os sentados numa sala durante horas, às vezes o dia inteiro, à espera dela". Ler histórias como estas sobre si próprio num dos jornais de maior circulação do mundo tem de ser penoso, mesmo que seja um idiota certificado.

---

* **N. T.** Indiana refere-se à equipa americana de basquetebol da Universidade de Indiana.

Este estigma pode atingir pessoas comuns, e não apenas os ricos e famosos. Consideremos o caso de um advogado chamado Richard Phillips, no escritório de Londres da Baker & McKenzie. Ele perseguia constantemente uma secretária chamada Jenny Amner para que lhe pagasse cerca de quatro euros por lhe ter sujado as calças sem querer com uma mancha de ketchup. Numa troca de *e-mails* entre o Sr. Phillips e a Mna. Amner que foi parar à internet, ela explicava: "Devo-lhe um pedido de desculpas por não lhe ter respondido imediatamente, mas devido à súbita doença da minha mãe, morte e enterro tenho tido assuntos mais urgentes do que os seus quatro euros. Peço desculpas, uma vez mais, por ter sem querer deixado cair algumas gotas de ketchup nas suas calças. É óbvio que as suas necessidades financeiras enquanto sócio sénior são bem maiores do que as minhas na qualidade de simples secretária".

A Baker & McKenzie atestou o conhecimento da situação: "Confirmamos que estamos a par do incidente e das trocas de *e-mails* subsequentes. Trata-se de um assunto privado entre dois membros da equipa de trabalho que, claramente, se descontrolou. Estamos a investigar a situação de forma a resolvê-la da forma mais amigável possível". O Sr. Phillips demitiu-se pouco depois do incidente. O *The Daily Telegraph* informou que ele estava "devastado com a sua humilhação pública", apesar do porta-voz da Baker & McKenzie ter declarado que ele se tinha demitido muito antes do assunto ter vindo a público.

Desempenho organizacional prejudicado

Os danos que os idiotas provocam nas suas organizações pode ser observado nos custos do aumento da rotação de pessoal, no absentismo, no menor empenho no trabalho, na distracção e no menor desempenho individual documentados em estudos de abusos psicológicos, *bullying* e *mobbing*. Os efeitos dos idiotas na rotação de pessoal são óbvios e bem documentados. Eu não tenho pena dele, mas deve ter custado uma fortuna a Scott Rudin, e uma data de tempo, gerir as entradas e saídas dos 119 assistentes que trabalharam com ele entre 2000 e 2005 (ou dos 250 assistentes, se aceitarmos a estimativa do *Wall Street Journal* ao invés da de Rudin). E apesar de o director do departamento jurídico

Os danos provocados: porque é que todos os locais de trabalho precisam da regra

da Warnaco ter descrito a rotação de pessoal durante o reinado de Linda Wachner como "estando conforme" os padrões da indústria, empresas de recrutamento de executivos afirmaram ter sido a taxa mais alta da indústria. Pessoas de dentro da Warnaco disseram ao *New York Times*: "as suas críticas pessoais aos funcionários, entre outras coisas, levaram a uma rotação de pessoal excessiva e retiraram à empresa o talento que precisava para manter a qualidade das suas operações". Sob a liderança de Wachner, a Warnaco "contratou três directores financeiros na divisão de Authentic Fitness em cinco anos, cinco presidentes da Calvin Klein Kids em três anos e três responsáveis pela Warnaco Intimate Apparel em quatro anos".

A questão de se saber se é ou não ilegal ser um "idiota que não discrimina", que menospreza e rebaixa os outros no local de trabalho, independentemente do sexo, da raça, ou de crenças religiosas, ainda não está decidida nos Estados Unidos e nos outros países. Mas as organizações que acolhem idiotas arriscam-se a ter maiores custos legais, independentemente de decisões judiciais futuras, porque as queixas feitas pelas vítimas de assédio sexual e discriminação são mais fáceis de provar quando se vive num clima de crescente hostilidade. O advogado Paul Buchanan da Stoel Rives LLP escreveu um artigo para a Ordem dos Advogados do estado de Washington em que fazia a seguinte pergunta: "É contra a lei ser um imbecil?" Ele concluiu que, provavelmente, não é, pelo menos por enquanto. Mas Buchanan avisou: "Apesar de o verdadeiro imbecil que não discrimina normalmente não estar a infringir qualquer lei, provar que o funcionário que provocou a ofensa insultou indiscriminadamente pode ser uma tarefa difícil e complicada para o empregador. Mas os empregadores que não conseguem ser rigorosos a disciplinar e a afastar (ou, ao menos, dar formação e modificar) os rudes, os brigões, os manipuladores, e até as pessoas que simplesmente não têm as capacidades básicas de relacionamento interpessoal, podem ficar vulneráveis a processos judiciais de trabalho difíceis e dispendiosos, se os funcionários descontentes atribuírem uma motivação ilegal à conduta abusiva".

Fora dos Estados Unidos, há indícios de que os juízes e os jurados estão a começar a tomar posição relativamente a idiotas que não discriminam. Em especial, os tribunais no Reino Unido estão a começar a punir as empresas que permitem situações persistentes de *bullying*, incluindo um acordo judicial obtido em 2001 a desfavor da Mercury Mobile Communications no valor de 425 000 euros. A Mercury permitiu que o seu gestor Simon Stone conduzisse uma "vingança" através de "insultos descarados e acusações falsas" contra Jeffrey Long, um gestor de compras que tinha informado os administradores da empresa das falhas da gestão do Sr. Stone. Devido ao *stress*, o Sr. Long adoeceu e o seu casamento terminou. A Mercury acabou por admitir responsabilidades em tribunal para além de ter pago ao Sr. Long essa verba avultada.

Existem outras formas insidiosas, mas mais subtis, de os *bullies* e os imbecis prejudicarem o desempenho da organização. Uma característica evidente das equipas e das organizações que são lideradas por idiotas, ou onde existem cada vez mais idiotas, é elas estarem impregnadas de medo, abominação e retaliação. Numa organização baseada no medo, os funcionários estão constantemente atentos aos perigos e a ameaças para eles próprios e tentam evitar, a todo o momento, que lhes seja atribuída a culpa e a humilhação. Mesmo quando sabem como ajudar a organização, têm muitas vezes medo de o fazer. Consideremos a investigação realizada por Jody Hoffer Gittell sobre a indústria de aviação, publicada na *California Management Review*. Fiquei surpreendido com a descrição de como as companhias aéreas americanas lidavam com os atrasos dos aviões e outros problemas de desempenho nos anos 90. Os funcionários americanos disseram a Gittell que o medo do então CEO Robert Crandall levou as pessoas a acusarem-se umas às outras, ao invés de resolver os problemas. Crandall justificou a sua abordagem dizendo: "A última coisa que a maior parte deles quer é chamar a atenção sobre si próprios. Eu apenas aumentei a quantidade de coisas que têm de fazer para evitar chamar a atenção sobre si próprios". Apesar de algumas pessoas de dentro da empresa admirarem a capacidade de Crandall para descobrir as "causas de raiz" dos atrasos, Gittell concluiu que a sua dura abordagem tinha acabado por ser contraproducente, pois muitos funcionários tinham tanto medo da ira de Crandall que concentravam todas as suas energias para se protegerem, ao invés de ajudarem a empresa. Um gestor disse a Gittell que quando havia um atraso "Crandall quer ver um cadáver [...] É gestão pela intimidação".

As pessoas concentravam-se em proteger-se da "recriminação", ao invés de se preocuparem com "o desempenho atempado, o tratamento correcto das bagagens e a satisfação dos clientes".

Um tema semelhante surge na investigação de Amy Edmondson sobre enfermeiros que têm supervisores que intimidam e colegas que não os apoiam (ou seja, pessoas rodeadas de idiotas). Edmondson fez o que julgou ser um estudo claro sobre como a liderança e as relações entre colegas de trabalho influenciavam erros de tratamento com medicamentos, em oito unidades de enfermagem. Ela partiu do pressuposto de que quanto melhores fossem a liderança e o apoio dos colegas, menor seria o número de erros feitos pelas pessoas. No entanto, Edmondson, em conjunto com a Faculdade de Medicina de Harvard, que financiou a investigação, ficou a princípio desconcertada quando os questionários indicaram que as unidades onde existiam as *melhores* liderança e relações entre colegas eram as que apresentavam *o maior número* de erros: *unidades com os melhores líderes informaram cometer até dez vezes mais erros do que as unidades com os piores líderes.* Depois de Edmondson ter juntado todos os indícios, apercebeu-se de que os enfermeiros das melhores unidades reportavam mais erros porque se sentiam "seguros psicologicamente" para admitir os seus erros. Os enfermeiros das melhores unidades disseram que "era natural e normal documentar os erros" e que "os erros são uma coisa séria devido à toxicidade dos medicamentos, por isso nunca temos medo de dizer à directora de enfermagem".

A história era completamente diferente nas unidades onde os enfermeiros raramente reportavam erros. Havia um medo desenfreado. Os enfermeiros diziam coisas do género: "É um ambiente sem perdão, as cabeças rolam", "somos julgados", e relativamente ao director de enfermagem, "trata-nos como culpados se cometemos um erro" e "trata-nos como se tivéssemos dois anos de idade". Tal como o já falecido guru de qualidade empresarial W. Edwards Deming concluiu há bastante tempo, quando o medo anda à espreita as pessoas concentram-se em proteger-se e não em ajudar a organização a melhorar. A investigação de Edmondson mostra que isto acontece mesmo quando há vidas em jogo.

A abominação e insatisfação que os idiotas causam também têm custos para além do aumento da rotação de pessoal. A investigação de Bennett Tepper mostrou que os supervisores abusivos diminuem o empenho para com a organização. Outros investigadores mostraram, vezes sem conta, que quando as pessoas se sentem maltratadas e insatisfeitas com o seu trabalho, não estão dispostas a fazer horas extras para ajudar as organizações, e a despender "esforço discricionário". Mas quando se sentem apoiadas e satisfeitas, a história é completamente diferente.

No final da década de 1970, o psicólogo industrial Frank J. Smith demonstrou a influência das atitudes em relação ao trabalho sobre o "esforço discricionário" num estudo com 3000 funcionários da sede da Sears, em Chicago. Smith apurou que as atitudes dos funcionários não serviam para prever quais deles faltavam ao trabalho, até ao dia em que uma forte tempestade de neve atingiu Chicago. Nesse dia, quando tinham uma boa desculpa para ficar em casa, os funcionários que estavam mais satisfeitos com a sua supervisão e outros aspectos do seu trabalho tinham uma maior probabilidade de fazer a dura viagem até ao trabalho do que aqueles que estavam insatisfeitos. Nos 27 grupos de funcionários que Smith estudou, a comparência ao trabalho foi em média 70 por cento (o normal era 96 por cento), e variou de 37 por cento a 97 por cento. A satisfação ou a não satisfação com a sua supervisão, por parte dos funcionários num determinado grupo, foi um dos factores de previsão mais fortes da comparência ao trabalho naquele dia do nevão. Para mim, faz sentido. Quando estou condenado a trabalhar para, ou com, um bando de idiotas, não me vou esforçar para ajudar. Mas quando admiro os meus superiores e colegas, vou até onde for preciso.

Há até indícios de que quando as pessoas trabalham para imbecis insensíveis e mal intencionados roubam das empresas por vingança. Jerald Greenberg estudou três fábricas praticamente idênticas, no *Midwest*; em duas delas (que a gestão escolheu ao acaso) foi instituído um corte salarial de 15 por cento, durante um período de dez semanas, depois de a empresa ter perdido um contrato muito importante. Numa das fábricas onde os cortes foram implementados, um executivo anunciou os cortes de uma forma impessoal e seca e avisou os funcionários: "Eu respondo a uma ou duas perguntas, mas depois tenho de apanhar um avião para ir a outra reunião". Na segunda fábrica, o executivo fez uma explicação detalhada e que transmitia compaixão, acompanhada de um pedido de desculpas sincero pelos cortes e de várias expressões de sofrimento. Depois disso o executivo passou uma hora inteira a responder a perguntas. Greenberg descobriu efeitos fascinantes sobre as taxas de roubo dos funcionários. Na fábrica onde não houve cortes salariais, as taxas de roubo de funcionários mantiveram-se estáveis em cerca de quatro por cento durante o período de dez semanas. Na fábrica onde os cortes salariais foram efectuados, mas onde houvera uma explicação que transmitia compaixão, a taxa de roubo subiu para os seis por cento. E na fábrica onde os cortes salariais foram explicados de forma impessoal e seca, a taxa de roubo atingiu cerca de dez por cento.

Depois dos níveis salariais terem voltado ao normal nas duas fábricas, as taxas de roubo voltaram para os níveis anteriores (cerca de quatro por cento) aos cortes salariais. Greenberg acredita que os funcionários roubaram mais nas duas fábricas onde foram realizados cortes salariais para "se vingarem" do empregador, mas que roubaram mais para se vingarem do líder sem coração que estava "demasiado ocupado" para lhes dar uma explicação.

Todos nós sabemos que não se deve roubar e todos sabemos que muitas pessoas roubam. O estudo de Greenberg, em conjunto com várias experiências controladas, sugere que quando as pessoas pensam que trabalham para imbecis insensíveis descobrem formas de se vingarem deles, e roubar é uma dessas formas. A vingança não é uma coisa bonita, mas faz parte da natureza humana que os idiotas fazem vir ao de cima nas suas vítimas.

Se se vier a saber que a sua organização parece ser liderada por imbecis mal intencionados, os danos causados à reputação da empresa podem afastar potenciais funcionários e abalar a confiança dos investidores. Neal Patterson, CEO da Cerner Corporation, aprendeu esta lição em 2001 quando enviou um *e-mail* "hostil" apenas às 400 pessoas de topo desta empresa de *software* da área de cuidados de saúde. Segundo o *New York Times*, Patterson queixou-se de que eram poucos os funcionários que trabalhavam as 40 horas semanais, e "como gestores, ou sabem o que os vossos FUNCIONÁRIOS estão a fazer, ou não se IMPORTAM com isso." Patterson disse que gostava de ver o parque de estacionamento dos funcionários "substancialmente cheio" entre as 7h30 e as 18h30 aos dias de semana e "cheio pela metade" aos sábados, e que se isso não aconte-cesse, tomaria duras medidas, talvez mesmo até *lay-offs* e o congelamento de novas contratações. Patterson avisou: "Têm duas semanas. Tique-taque".

O *e-mail* de Patterson foi parar à internet e desencadeou duras críticas por parte dos especialistas de gestão, incluindo o meu colega de Stanford, Jeff Pfeffer, que o descreveu como "o equivalente empresarial de chicotes, cordas e correntes". Pfeffer exagerou um pouco para o meu gosto. Mas os investidores também não ficaram nada contentes, pois o valor das acções caiu 22 por cento em três dias. Patterson lidou bem com as consequências. Enviou um pedido de desculpas aos funcionários, admitiu desejar nunca ter enviado o *e-mail*, e o preço das acções acabou por recuperar. Patterson aprendeu da forma mais dura que quando os CEO dão a impressão de ser uns *bullies*, podem assustar os investidores, e não apenas os seus subordinados.

A conclusão:
Qual o "custo total dos idiotas" para a sua organização?

Um leitor da *Harvard Business Review* escreveu-me uma nota simpática, que sugeria que mais empresas seriam convencidas a implementar a regra se estimassem o "custo total dos idiotas", ou o seu "CTI". Ele disse que "o impacto organizacional, em termos de retenção e recrutamento, clientes perdidos e excesso de calorias organizacionais a serem gastas nas coisas erradas pode-riam contribuir para perspectivas muito interessantes".

Calcular o CTI exacto para uma organização é um objectivo irrealista, pois existem muitos factores diferentes a considerar e demasiada incerteza. É impossível, por exemplo, estimar quantas horas é que os gestores dedicam à "gestão de idiotas" ou prever os custos legais futuros provocados pelos idio-tas numa organização. No entanto, tentar calcular o CTI da sua organização é, ainda assim, um exercício útil para se pensar nos custos para o negócio de atu-rar estes *bullies* detestáveis. À medida que procurava investigações pertinentes e falava com gestores e advogados experientes, fiquei espantado com a extensão e o valor destes custos. Apresento uma lista nas páginas 48 a 50, que inclui os factores

Os danos provocados: porque é que todos os locais de trabalho precisam da regra

abordados neste capítulo em conjunto com muitos outros que encontrei, mas não abordei. Se quiser desenvolver uma estimativa, *grosso modo*, do CTI da sua empresa, analise a minha longa (mas ainda assim incompleta) lista de custos possíveis, acrescente-lhe a melhor estimativa de custo que conseguir para cada um deles e junte quaisquer factores adicionais que eu não tenha incluído.

Apesar da imprecisão dessas estimativas, este exercício pode ajudá-lo a começar a lidar com os danos provocados pelos idiotas certificados e pelos idiotas temporários na sua organização, e ser útil para o convencer, a si e aos outros, a fazer alguma coisa em relação a este problema, em vez de o tolerar ou de falar dele sem na prática implementar quaisquer soluções. Também é útil para se convencer a não menosprezar os outros e a procurar ajuda se não conseguir evitar fazê-lo, pois isso não só pode estragar a vida dos outros como a sua. Uma outra razão para traduzir estes custos em números é que, no mundo dos negócios, aparentemente racional e orientado para números, independentemente de quão convincentes são as suas histórias e listas de desvantagens, a maior parte das vezes quem manda são as pessoas da contabilidade, finanças, e com formação noutra área quantitativa, e estas parecem preferir tomar decisões com base em más (às vezes inúteis) estimativas financeiras do que não ter estimativas nenhumas. Por isso, pode ser inteligente utilizar a linguagem que eles querem ouvir, independentemente de as estimativas serem ou não grosseiras.

As investigadoras Charlotte Rayner e Loraleigh Keashly demonstram como produzir estimativas para esses custos. Elas começam por estimar (com base em estudos realizados no Reino Unido) que 25 por cento dos alvos de *bullying* e 20 por cento das "testemunhas" deixam os seus empregos, e que a taxa média de *bullying* no Reino Unido é de 15 por cento. Rayner e Keashly calculam que numa organização com 1000 pessoas, se 25 por cento das vítimas de *bullying* se forem embora, e se o custo de substituição for 20 000 dólares, então isso representa um custo anual de 750 000 dólares. Acrescentam que, se houver em média duas testemunhas por cada vítima, e se 20 por cento destas saírem da empresa, isso significa mais 1,2 milhões de dólares de custos, totalizando o custo de substituição pouco menos de 2 milhões de dólares por ano. Como Rayner e Keashly indicam: "Estes custos de saída não aparecem no balanço".

Sobreviver nas empresas

Rayner e Keashly utilizam pressupostos que variam, bastante, de lugar para lugar. Por essa razão, é interessante olhar para os custos que uma empresa estimou terem sido infligidos por um idiota num ano. Quando falei a um executivo de topo de uma empresa de Sillicon Valley sobre o conceito do "custo total dos idiotas", ele disse: "É mais do que um conceito, acabámos de calculá-lo para um dos nossos colaboradores". Disse-me que um dos seus vendedores mais bem pagos – chamemos-lhe "Ethan" – estava sistematicamente no topo dos cinco por cento de funcionários mais produtivos. Ethan enquadra-se na definição de "idiota certificado": o seu temperamento é lendário, trata os seus colegas de trabalho como rivais, insultando-os e menosprezando-os por várias vezes, os seus *e-mails* furiosos e detestáveis, escritos a altas horas da noite, são vergonhosos, e por isso não é de surpreender que muitas das pessoas da empresa se recusem a trabalhar com ele. A sua última assistente durou menos de um ano. Não havia mais nenhuma assistente na empresa que estivesse disposta a trabalhar para Ethan, por isso foram forçados a iniciar uma longa e dispendiosa busca por alguém que a substituísse. No final de contas, encontrar alguém que tivesse nem que fosse uma pequena hipótese de conseguir trabalhar com sucesso com Ethan, era um feito formidável. Entretanto, gestores de recursos humanos, e por vezes executivos de topo, gastavam grandes quantidades de dinheiro a gerir as interferências entre Ethan e a rede de apoio da empresa. Nos cinco anos anteriores, vários colegas e assistentes administrativos tinham feito reclamações de "local de trabalho hostil" contra Ethan. A empresa também gastava muito dinheiro em aulas de gestão de raiva e em aconselhamento psicológico para Ethan.

A empresa decidiu que, a par dos avisos e da formação, estava na altura de quantificar os custos adicionais devidos ao mau comportamento de Ethan e deduzi-los do seu bónus. Fizeram um cálculo semana a semana dos custos extras atribuídos às acções desagradáveis e sem consideração de Ethan, em comparação com outros vendedores mais civilizados. Os gestores de recursos humanos estimaram que os custos relativos ao ano anterior, tempo e dinheiro gastos relacionados com a forma como Ethan tratava as pessoas, totalizavam cerca de 160 000 dólares. Considero estes custos perturbantes, pois reflectem tanto sofrimento e desgosto e tanto tempo desperdiçado por pessoas talentosas.

O número 160 000 dólares é, quase de certeza, um valor que não reflecte os danos financeiros por completo, pois omite os efeitos na saúde física e mental das vítimas, o tempo perdido e o preço físico e emocional pago por testemunhas e espectadores, assim como os efeitos negativos do medo, abominação e competição disfuncional que este provocou. Os custos estimados foram:

- Tempo gasto pelo gestor directo de Ethan: 250 horas (avaliadas em 25 000 dólares)
- Tempo gasto pelos profissionais de recursos humanos: 50 horas (avaliadas em 5000 dólares)
- Tempo gasto pelos executivos de topo: 15 horas (avaliadas em 10000 dólares)
- Tempo gasto pela empresa em aconselhamento jurídico externo: 10 horas (avaliadas em 5000 dólares)
- Custo de recrutamento e formação de uma nova secretária para Ethan: 85 000 dólares
- Custos de horas extras associadas a pedidos de última hora de Ethan: 25 000 dólares
- Formação em gestão de raiva e aconselhamento psicológico: 5000 dólares

Custo total estimado do idiota para um ano = 160 000 dólares

Um executivo e o gestor de recursos humanos reuniram-se com Ethan para analisar estes custos. Disseram-lhe que a empresa iria deduzir 60 por cento do custo daquilo que ele teria ganho como bónus no final do ano. A reacção foi previsível – Ethan enfureceu-se e culpou os idiotas com quem trabalhava de não serem capazes de estar à altura das suas expectativas e grau de exigência. Ameaçou despedir-se (mas não o fez). Dou os parabéns a esta empresa por ter calculado estes custos, por ter confrontado Ethan e por ter insistido que este pagasse o preço. No entanto, se quisessem fazer cumprir a sério uma "regra idiotas não" teriam mostrado a porta da rua a Ethan há vários anos, razão pela qual vou agora falar sobre como implementar, fazer cumprir e manter uma "regra idiotas não".

A má notícia é que estes opressores custam às organizações muito mais do que os seus líderes e investidores normalmente julgam. A boa notícia é que se se empenhar, e à sua empresa, em estabelecer e fazer cumprir "a regra idiotas não", pode poupar muito dinheiro e poupar os seus colaboradores, os seus amigos e famílias, e a si próprio de MUITOS desgostos.

Qual é o seu CTI?

Factores a ter em consideração no cálculo do "Custo Total dos Idiotas" para a sua organização

Os danos provocados às vítimas e às testemunhas

- Distracção das suas tarefas – mais esforço para evitar encontros desagradáveis, a lidar com eles, e a evitar a culpa, menos dedicação à tarefa em si.
- A menor "segurança psicológica" e o clima de medo que dela resulta minam as sugestões dos funcionários, o correr riscos, o aprender com os próprios erros, com os erros dos outros, e a discussão franca – a franqueza pode não ser a melhor política.
- Perda de motivação e de energia no trabalho.
- Doenças físicas e psicológicas provocadas pelo *stress*.
- As vítimas podem sofrer de diminuição das suas capacidades mentais.
- O *bullying* prolongado pode transformar as vítimas em idiotas.
- Absentismo.
- Rotação de pessoal em resposta a pares e supervisores abusivos – e, para além disso, mais tempo dedicado no horário de trabalho à procura de um novo emprego.

Os infortúnios dos idiotas certificados

- As vítimas e as testemunhas hesitam em ajudar, cooperar com eles ou transmitir-lhes más notícias.
- Retaliação por parte das vítimas e das testemunhas.
- Insucesso em atingir potencial na organização.
- Humilhação quando são "convidados a sair".
- Perda de emprego.
- Danos na carreira a longo prazo.

As consequências nefastas para a gestão

- Tempo dispendido a apaziguar, a acalmar, a aconselhar, ou disciplinar os idiotas.
- Tempo dispendido a "acalmar os ânimos" dos funcionários que foram vítimas.
- Tempo dispendido a "acalmar os ânimos" de clientes, funcionários subcontratados, fornecedores, e outras entidades cruciais externas que foram vítimas.
- Tempo dispendido a reorganizar os departamentos e as equipas para que os idiotas causem menos danos.
- Tempo dispendido a entrevistar, recrutar, e treinar os idiotas e as suas vítimas que já saíram da organização.
- Desgaste da gestão, o que causa menor empenho e maior tensão.

Custos jurídico-legais e de gestão de recursos humanos

- Gestão de raiva e outro tipo de formação para modificar idiotas.
- Custos de aconselhamento jurídico externo e interno.
- Pagamento de acordos judiciais e processos judiciais ganhos pelas vítimas.
- Pagamento de acordos judiciais e processos judiciais ganhos pelos alegados idiotas.
- Remuneração de consultores externos e internos, pela formação de executivos, e de terapeutas.
- Custos com seguros de saúde.

Quando os idiotas reinam: efeitos negativos nas organizações

- Melhoramento dos sistemas estabelecidos comprometido.
- Inovação e criatividade reduzidas.
- Cooperação e coesão reduzidas.
- Esforço "discricionário" reduzido.
- Cooperação interna disfuncional.
- Taxas mais elevadas cobradas por entidades externas, "pagamentos extras".
- Capacidade comprometida para atrair os melhores e os mais inteligentes.

Capítulo 3

Como implementar a regra, aplicá-la, e mantê-la activa

MUITAS ORGANIZAÇÕES APLICAM "REGRAS IDIOTAS NÃO", mas algumas fazem-no com muito mais zelo do que outras. Na maior parte dos lugares, os idiotas certificados são *tolerados, mas apenas até determinado ponto.* As pessoas conseguem escapar às consequências de serem imbecis comuns e podem mesmo obter créditos e lucrar com isso. A regra é aplicada, mas apenas a idiotas completos, que são castigados e "reeducados", e posteriormente expulsos se as outras medidas menos drásticas não tiverem tido sucesso. A linha imaginária que existe entre um idiota mediano e um idiota completo depende de aspectos e hábitos locais. Uma pessoa pode ser coroada "super-imbecil" depois de já ter custado uma fortuna à organização, de ter levado os colegas de trabalho ao limiar da loucura, de ter criado problemas terríveis de relações públicas, ou de ter exposto a organização a graves riscos legais – apesar de multidões de imbecis medianos continuarem a escapar às consequências.

Este baixo padrão de exigência foi aparentemente aplicado ao vendedor abusivo sobre quem falei no capítulo 2. Não estava nos planos da gestão despedir esta estrela detestável, mas os gestores acabaram por se fartar das suas peripécias e decidiram documentar os custos e deduzi-los da sua remuneração. No entanto, relativamente aos muitos idiotas medianos da empresa, os executivos continuaram sem tomar qualquer medida. Mesmo as organizações que parecem glorificar os imbecis arrogantes, como é o caso das equipas de desporto, podem atingir um ponto de ruptura, em que as suas estrelas, treinadores ou jogadores são tão destrutivas que acabam castigadas e expulsas.

Tomemos como exemplo o que aconteceu ao famoso treinador de basquetebol Bob Knight, da Universidade de Indiana. O presidente da universidade, Myles Brand, acabou por despedir Knight em Setembro de 2000, depois de um incidente com um estudante chamado Kent Harvey que, de acordo com o relatado, lhe disse: "Ei, Knight, tudo bem?" quando se cruzaram no *campus*. O estudante disse que Knight o agarrou, de forma bruta, pelo braço e que o repreendeu pelos seus maus modos. Knight argumentou que o estudante exagerara, mas Brand anunciou que Knight fora despedido devido a "um padrão de comportamentos inaceitáveis", chamou-lhe "desafiador e hostil", e declarou que o treinador tinha demonstrado uma "má vontade contínua" para trabalhar de acordo com as linhas de conduta da universidade. Os administradores da Universidade de Indiana tinham tolerado as excentricidades de Knight durante décadas. Nem sequer o despediram depois de ter sido acusado de esganar um dos seus jogadores durante um treino em 1997 (um acto condenável captado numa gravação de vídeo com baixa definição, e que foi mostrado pela CNN//Sports Illustrated, em Março de 2000). Mas os administradores da universidade finalmente fartaram-se dos danos que Knight estava a provocar à reputação de Indiana devido às suas explosões e mandaram-no embora.

Mais recentemente, em 2005, Terrell Owens dos Philadelphia Eagles sofreu as consequências pela sua arrogância constante (por exemplo, comparou-se a Jesus), por dizer mal dos seus colegas de equipa (culpou publicamente o "cansado" *quarterback* Donovan McNabb pela derrota de Philadelphia no Superbowl de 2005), e pela aparente incapacidade de controlar a sua raiva (por exemplo, falou-se numa luta com o representante da equipa, Hugh Douglas). No final de 2005, a administração do Eagles acabou por suspendê-lo por "conduta prejudicial à equipa" e deixou bem claro que não o queria de volta. Owens defendeu-se dizendo que se sentia frustrado porque se considerava "desrespeitado" pelos seus colegas de equipa.

Como implementar a regra, aplicá-la, e mantê-la activa

Pessoas como Bob Knight e Terrell Owens conseguiram escapar às consequências dos seus actos por tanto tempo porque, pelo menos nos Estados Unidos, valorizamos chavões como "ganhar não é a coisa mais importante, é a única coisa" e "o segundo lugar é o primeiro dos últimos". De facto, Bob Knight foi rapidamente contratado para treinar a equipa de basquetebol da Universidade de Tecnologia do Texas e Terrell Owens assinou um contrato no valor de 25 milhões de dólares com os Dallas Cowboys, que incluía um bónus de 5 milhões de dólares na assinatura. Tal como me disse um executivo e investidor em capitais de risco, o princípio subjacente no desporto americano, nos negócios, na medicina, e no meio académico é "quanto mais vezes estiver certo e quanto mais vezes ganhar, tanto mais imbecil se pode ser". Ele argumentou que, na maior parte dos casos, ser um idiota é uma desvantagem, que a crueldade e os ataques de fúria são vistos como falhas de carácter mas são tolerados quando as pessoas são mais talentosas, mais espertas, mais difíceis de substituir, e dotadas de uma taxa de sucesso natural mais elevada do que a dos comuns mortais. "Talento extraordinário" é uma justificação ilimitada para tolerar, mimar e bajular estes imbecis destrutivos. O princípio aceite na nossa sociedade parece ser: *Se é realmente um grande vencedor, pode escapar às consequências de ser realmente um grande idiota.*

No entanto, não deveria ser assim. Algumas das organizações mais eficientes e civilizadas que conheço desprezam, castigam e fazem sair os imbecis normais, e têm tolerância zero em relação a rematados idiotas. Tal como explicou Shona Brown, principal responsável pela área de operações da Google, a organização valida o seu lema "não sejas mau" fazendo desta um lugar *onde simplesmente não é eficiente agir como um idiota.*

De acordo com o que Shona me disse, sim, há pessoas na Google que poderiam enquadrar-se na minha definição de idiota, mas a empresa esforça-se por filtrá-los quando faz as contratações, e por fazer com que as pessoas desagradáveis sofram as consequências nas avaliações de desempenho, e não sejam promovidas para lugares de gestão. E a Google tem uma política de tolerância zero relativamente àqueles que chamo "idiotas completos" (Shona referiu-se a estes de uma forma mais educada, mas era isto que ela queria dizer).

Algumas empresas levam a regra mais além. Ann Rhoades foi responsável pelo "Departamento de Pessoal" na Southwest Airlines durante vários anos e foi a responsável de recursos humanos que fundou a JetBlue Airlines. Ann disse-me que, em ambas as empresas, não era apenas ineficiente ser um idiota certificado; os funcionários não conseguiam escapar às consequências, que "não havia lugar onde se pudessem esconder". Durante o primeiro ano de operação da JetBlue, Ann referiu-me que a "falta de adaptação cultural", especialmente em termos de ter uma má atitude em relação aos colegas, aos clientes e à empresa, foi a principal razão de "desempenho" pela qual os funcionários foram despedidos. A Southwest sempre enfatizou que as pessoas eram "contratadas e despedidas pelas suas atitudes". Herb Kelleher, co-fundador da Southwest e antigo CEO, descreveu como esta prática funcionava: "Um dos nossos candidatos a piloto foi muito desagradável com uma das nossas recepcionistas, e nós rejeitámo-lo de imediato. Não se pode tratar uma pessoa dessa forma e ser o tipo de líder que procuramos." Como Ann Rhoades explicou: "Não o fazemos ao nosso pessoal, eles não o merecem. As pessoas que trabalham para nós não têm de aturar insultos."

Nos lugares onde se aplica "a regra idiotas não" com mais veemência e eficácia, o "desempenho dos funcionários" e o "tratamento dos outros" não são vistos como coisas separadas. Expressões do tipo "imbecil talentoso", "estupor brilhante", ou "um idiota e uma estrela" são vistos como paradoxos. Os idiotas temporários são imediatamente punidos: percebem rapidamente (ou é-lhes dito) que fizeram asneira, pedem desculpa, reflectem sobre o mal que fizeram, pedem perdão, e trabalham para mudar, em vez de justificarem ou louvarem as suas acções. Os idiotas certificados não são sucessivamente ignorados nem esquecidos: ou mudam ou são despedidos. Nos lugares onde eu quero trabalhar, mesmo que as pessoas façam outras coisas bem (mesmo que extraordinariamente bem), se tratarem mal os outros com frequência são vistas como incompetentes.

Torná-la pública – pelo que diz e, *especialmente*, pelo que faz

A maior parte das organizações, em especial as grandes, tem uma política escrita que parece uma versão censurada da "regra idiotas não". Muitas delas reforçam a mensagem divulgando-a amplamente (em geral, com uma lista de outros "valores essenciais") e transmitem-na nas sessões de formação dos funcionários. Os gestores de topo falam rotineiramente das virtudes do respeito mútuo ou algo nesse sentido. Alguns líderes e organizações utilizam mesmo a versão não censurada da regra.

Tal como referi nas páginas de introdução, no meu departamento académico em Stanford eu e os meus colegas falávamos abertamente sobre a regra. E muitos dos leitores do meu artigo da *Harvard Business Review* disseram-me que "a regra" era uma peça central do seu estilo de liderança. A minha resposta preferida foi de Rodrick C. Hare, CEO da Mission Ridge Capital: "Em quase toda a minha carreira profissional tenho dito a quem queira ouvir que sou capaz de trabalhar com praticamente todo o tipo de pessoas, com uma excepção evidente – idiotas. De facto, sempre utilizei essa mesma palavra. Por muito que acredite em tolerância e justiça, nunca perdi um momento de sono por ser declaradamente intolerante com aqueles que se recusam a ter respeito pelas pessoas que estão à sua volta."

Algumas organizações falam da regra como uma parte central da sua cultura. Uma pesquisa da Emplawyernet.com* informou que McDermott, Will & Emery, uma sociedade de advogados internacional com sede em Chicago, tem uma "regra idiotas não" que é respeitada há muito tempo e que diz que "não é permitido gritar com a secretária nem gritar uns com os outros". As pessoas de relações públicas da McDermott frisaram que esta é uma política informal e não oficial, mas reconhecem que os sócios do escritório falaram sobre isso durante muitos anos.

De igual modo, a já dissolvida produtora canadiana Apple Box, durante os 12 anos em que produziu em série anúncios de televisão de sucesso "a regra" era um princípio operacional básico. O produtor executivo da Apple Box, JJ Lyons, disse às revistas da especialidade, "Interna e externamente gostamos de nos rodear de gente boa"; e disse ainda: "Temos uma regra interna, uma espécie

---

* **N. T.** *Site* da *internet* onde advogados e estudantes de direito têm acesso a informação e ferramentas para desenvolvimento de carreira e oportunidades de trabalho e onde se faz a ligação entre empregadores, candidatos, faculdades de direito e estudantes de direito.

de um lema, é uma coisa chamada "regra idiotas não". Se for um director ou um produtor idiota nós não queremos trabalhar consigo." A razão que deu foi: "A vida é curta demais". Eu assino por baixo.

A maioria das organizações expressa a regra numa linguagem mais educada. Na Plante and Moran, que ficou classificada em 12º lugar na lista de 2006 dos "100 melhores lugares para trabalhar" da revista *Fortune*, "o objectivo é termos uma força de trabalho «livre de imbecis» nesta empresa de contabilidade" e "o grupo de trabalho é estimulado a viver de acordo com a Regra de Ouro". No Barclays Capital, o director de operações, Rich Ricci, diz que em especial na selecção de altos quadros, "temos uma «regra imbecis não» aqui na empresa". A *Business Week* explica o que isto significa: "Espertalhões que hostilizam os seus colegas são convidados a mudar ou a sair." Na Xilinx, uma empresa de semi-condutores, referem que "os funcionários devem respeitar-se e apoiar-se uns aos outros mesmo que não gostem uns dos outros."

Por exemplo, a Men's Wearhouse, a cadeia de lojas de venda de fatos para homem de maior sucesso nos Estados Unidos, tem a filosofia mais detalhada e impressionante que conheço. Alguns dos seus valores são: "Todas as pessoas merecem ser tratadas de forma justa. Se os líderes são o problema, pedimos àqueles que são servidos pelos líderes que lho digam ou então que vão mais acima na cadeia de comando, sem medo de represálias," ou "o aspecto da loja e o conhecimento do produto são certamente muito importantes, mas a satisfação e o bem-estar do cliente durante a experiência de compra dependem de outra coisa: a nossa equipa de loja *deve* sentir-se com energia emocional e autêntica na construção das relações de serviço com os nossos clientes." E o mais relacionado com a "regra idiotas não": "Nós reagimos imediatamente se algum indivíduo humilhar outro, independentemente do seu cargo. Ao fazê-lo mostramos que valorizamos todas as pessoas."

Por mais admiráveis que sejam estes sentimentos, publicá-los numa parede ou num *website*, ou falar sobre eles é, por si só, um acto inútil. E se estes valores forem frequentemente violados e não forem tomadas medidas para os aplicar, essas palavras ocas são piores do que inúteis. Eu e o Jeff Pfeffer aprendemos esta lição sobre conversa oca quando estávamos a escrever *The Knowing-Doing Gap*,

Como implementar a regra, aplicá-la, e mantê-la activa

um livro sobre a razão pela qual os líderes e as empresas às vezes dizem coisas inteligentes e, no entanto, falham na sua concretização, e sobre como ultrapassar este problema generalizado. Chamamos a este obstáculo para a acção "a armadilha da conversa fiada". Para ilustrar este ponto, um grupo dos nossos estudantes fez um estudo de caso de uma destacada corretora, que tinha três valores dos quais a gestão de topo estava sempre a falar e que estavam expostos por todo o lado: respeito pelo indivíduo, trabalho em equipa e integridade.

O estudo revelou que a empresa tratava habitualmente os seus funcionários mais novos, chamados "analistas", com desrespeito e falta de confiança, o que provocava danos a longo prazo para a empresa. Os analistas da empresa eram os licenciados de topo das melhores universidades, contratados para trabalhar na empresa por alguns anos até voltarem para a universidade e obterem um MBA. Devido aos abusos, à falta de confiança, e ao trabalho aborrecido que os analistas eram obrigados a suportar, a empresa tinha uma dificuldade terrível em recrutá-los de volta depois de terem terminado os MBA, apesar dos seus líderes procurarem ter uma elevada "taxa de regresso". Pior ainda, os antigos analistas contavam aos seus colegas de MBA as suas más experiências, o que tornava os esforços de recrutamento da empresa mais difíceis e mais caros. Os estudantes que realizaram este estudo de caso concluíram: "As palavras parecem ter substituído a acção".

Escrever, expor e repetir palavras sobre tratar as pessoas com respeito, mas permitir ou encorajar o comportamento oposto, é pior do que inútil. Para além dos danos, bem documentados, realizados quando os *bullies* actuam livremente, a organização e os seus líderes são vistos como hipócritas, o que alimenta cinismo e desdém. Consideremos o conjunto de artigos no *S. Petersburg Times*, em 2005, sobre a Holland & Knight, uma sociedade com cerca de 1300 advogados que em tempos falava com orgulho aos *media* sobre a sua "regra imbecis não". Os artigos relatavam uma indignação interna depois do sócio director, Howell Melton Jr., ter rejeitado uma recomendação interna por parte da comissão arbitral de ser aplicado um castigo sério ao sócio Douglas A. Wright (do escritório de Tampa) por violação da política de assédio sexual da sociedade. Em vez disso, Melton repreendeu Wright. E depois, alguns meses mais tarde, Melton promoveu Wright para o terceiro cargo mais importante da sociedade.

Esta promoção aconteceu apesar de, segundo o *S. Petersburg Times*, a sociedade ter "considerado uma prioridade afastar advogados desrespeitosos, arrogantes e egoístas", e decidido aplicar aquilo a que chamavam a "regra imbecis não". E isso aconteceu apesar de nove advogadas do escritório de Tampa terem acusado Wright de assédio sexual e de o *Daily Business Review* ter relatado que "Wright recebeu em privado uma reprimenda no Verão passado, incluindo ordens para parar de pedir às mulheres no escritório para apalparem os seus "músculos", ou bíceps. Também o mandaram parar de fazer comentários sobre as suas roupas e vidas sexuais e para abdicar de qualquer tipo de vingança contra as mulheres que se queixaram dele."

Segundo o *S. Petersburg Times*, depois de o sócio-director Melton ter promovido Wright para um cargo de liderança, num *e-mail* interno de sete páginas escrito pelo sócio de Chicago, Charles D. Knight, e que passou para a imprensa, este queixava-se de que a Holland & Knight "não conseguira afastar todos os imbecis", e deplorava o facto: "Lamentavelmente, parece que alguns deles conseguiram chegar até aos níveis mais altos da direcção da sociedade". É claro que uma vez que não estivemos nesta sociedade e apenas temos relatórios de imprensa, é prudente tomarmos estes "factos" com alguma reserva. Esta fuga de informação para a imprensa não parece no entanto ser um incidente isolado, uma vez que um outro sócio da Holland & Knight, Mark Stang, escreveu uma carta aberta ao *S. Petersburg Times* na qual pedia "desculpa às "mulheres corajosas do escritório de Tampa da nossa firma" e expressava "indignação" em relação à forma como estas tinham sido tratadas".

A Holland & Knight atacou inicialmente a fuga de informação, dizendo que esta "impugnava a reputação de um dos melhores sócios da sociedade de forma injusta e imprudente". Numa entrevista à imprensa, Douglas Wright afirmou também o seguinte: "Eu nego, inequivocamente, que tenha assediado sexualmente alguém da sociedade". Wright declarou também ter pedido tanto a homens como a mulheres para apalparem os seus "músculos", e disse: "Trato-os a todos da mesma forma". Apesar de tudo, Wright demitiu-se do seu cargo de direcção depois de as histórias negativas terem aparecido no *S. Petersburg Times*, apesar de permanecer como sócio. Independentemente do que tenha de facto acontecido na Holland & Knight, as declarações públicas de que não iria afastar advogados desrespeitadores foi contraproducente na perspectiva das relações públicas e indignou pelo menos alguns sócios quando a "regra imbecis não" provou ser apenas palavras ocas.

Pelo contrário, a Southwest Airlines tem beneficiado de comentários positivos na imprensa e da lealdade por parte dos seus funcionários ao demonstrar uma intolerância persistente para com pessoas abusivas, ou mesmo para com as pessoas demasiado insensíveis e rudes para se adaptarem à cultura. Tentam filtrar as pessoas que são insensíveis e pouco simpáticas com os seus colegas e com os passageiros, e não apenas as que são claramente hostis. Ann contou-me sobre um gestor contratado pela Southwest que não era directamente desagradável, mas que era insensível e impaciente com as pessoas. Ele confidenciou a Ann: "Não sei se vou aguentar trabalhar aqui, quero apenas trabalhar com estas pessoas, não quero que sejam minhas amigas". Apesar de Ann Rhoades se ter esforçado bastante por contratá-lo por causa dos seus conhecimentos profissionais, ela percebeu que ele não se encaixava na Southwest, por isso sugeriu-lhe que ele procurasse outro emprego, e ele saiu para um emprego numa outra companhia aérea alguns meses mais tarde.

Incorporar a regra nas políticas de contratação e despedimento

A lição que tiramos da Southwest Airlines e da JetBlue é que a "regra idiotas não" tem de ser incorporada nas políticas de contratação e despedimento. A sociedade de advogados de Seattle Perkins Coie, por exemplo, adopta e aplica uma "regra imbecis não são permitidos", que contribuiu para ganharem um lugar na lista da *Fortune* das "100 melhores empresas para se trabalhar", em 2006, pelo quarto ano consecutivo. Vejamos como aplicam a regra nas entrevistas de emprego. Os sócios da Perkins Coie, Bob Giles e Mike Reynvaan, tentaram uma vez contratar um advogado com uma óptima carteira de clientes de uma outra sociedade, mas chegaram à conclusão de que se o fizessem estariam a quebrar "a regra". Eles disseram: "Olhámos um para o outro e dissemos, «Que imbecil», apesar de não termos utilizado essa palavra". Perguntei a Mike Reynvaan

Sobreviver nas empresas

e ele confirmou-me que a palavra que utilizaram, na realidade, foi "idiota", como costuma ser.

A IDEO, uma das empresas de inovação de maior sucesso do mundo, também filtra de forma rigorosa pessoas arrogantes e que rebaixam os outros. Muitos dos candidatos só recebem uma proposta de trabalho depois de terem realizado um estágio, depois de demonstrarem que não são idiotas em condições de trabalho reais. E nos casos em que não trabalharam com a IDEO antes, as pessoas da empresa dedicam tempo a filtrar os idiotas. O funcionário Diego Rodriguez explica:

1. Nós damos realmente valor às referências profissionais de pessoas em quem confiamos. Também encorajamos alguns funcionários a dar aulas na universidade e a perceber como é que os candidatos se apresentam na sala de aula – especialmente em equipas que estão sob pressão para executar um bom trabalho de forma rápida. Não é que haja alguma coisa errada com um *curriculum vitae* que cai do céu, mas referências profissionais reais valem ouro!

2. Tentamos fazer uma selecção com base nas competências profissionais antes de chamarmos as pessoas, de forma que a entrevista se possa focar mais nas qualidades humanas da pessoa (ou na falta delas).

3. Uma vez chamado para a entrevista, o candidato irá provavelmente falar com várias pessoas – mais do que pareceria razoável do ponto de vista dos padrões normais da maioria das empresas. Vai ter refeições com elas. Vai conhecer os nossos escritórios. Vai falar. Vai responder a perguntas. Vai fazer perguntas. Vai participar em exercícios de *design*. Tudo isso com o objectivo de criar uma sensação mútua de "encaixe".

4. Todos os candidatos são entrevistados por pessoas que vão estar acima, abaixo, ou ao mesmo nível hierárquico que eles. Pessoas de áreas profissionais não relacionadas também participam. Dessa forma, se chegarem a ser contratados, sentem que a empresa como um todo os quer, e não apenas um gestor de topo que, por acaso, pode ou não ser um idiota completo. Este método também evita que idiotas em posição de contratar se multipliquem. Os idiotas tendem a juntar-se, e uma vez juntos não é fácil separá-los.

O último ponto referido por Diego é crucial. Investigações feitas sobre entrevistas de emprego e decisões de contratação mostram que quem recruta tende a contratar pessoas que se parecem e se comportam como a sua pessoa preferida – eles próprios. Rosabeth Moss Kanter, professora da Harvard Business School, chama a isto "reprodução homossocial", que significa que o processo de contratação (inconscientemente) leva a maior parte das organizações a "produzir clones". *A implicação disto é que os idiotas vão multiplicar-se como coelhos.* Os gestores reproduzem-se no processo de contratação, logo, como diz Diego, a sua organização terá grupos dominados por idiotas – que então começam a lutar com outros grupos, ou pior ainda, a ganhar poder, e a espalhar o seu veneno por todo o lado. A IDEO combate esta tendência pondo um grupo mais alargado a tomar as decisões de contratação, o que funciona, pois têm uma percentagem minúscula de idiotas.

Para a maior parte das empresas, já é difícil resistir à tentação de contratar *bullies* que *parecem* vir a gerar muito dinheiro. É ainda mais difícil para os gestores tomarem consciência de que devem expulsar imbecis destrutivos que já os estão a fazer perder muito dinheiro. A Men's Wearhouse mostra-nos como se pode apoiar o discurso com acções concretas. O CEO, George Zimmer, e outros executivos realçam a importância de tratar os colegas de trabalho com respeito mútuo, criando um espírito de equipa virado para as vendas, agradando a todos os clientes, e contribuindo para o sucesso global da loja. Apesar de os vendedores serem pagos à comissão, os líderes fazem mais do que apenas dizer coisas como, "Pessoas com um desempenho individual extraordinário dependem do apoio dos companheiros de equipa para servir o cliente. É por essa razão que olhamos para a química de uma equipa quando tomamos decisões relativas a contratações, transferências e promoções".

Um dos vendedores de maior sucesso da empresa (em termos do total de vendas em dólares) acabou por ser despedido quando, depois de várias conversas e avisos da direcção, continuou a recusar-se a definir o seu próprio desempenho como dependendo em parte do desempenho dos seus colegas e da sua loja. Quando estávamos a escrever *The Knowing-Doing Gap*, eu e o Jeff Pfeffer descobrimos que este vendedor "roubou" clientes a colegas da equipa de vendas, difamou a cultura da empresa, e era claramente contra a ideia de ajudar os seus colegas com os clientes deles. A decisão de afastar este funcionário provou que a Men's Wearhouse levava a sério os seus valores relativamente à forma como os colaboradores se deviam tratar uns aos outros. Também se apurou que o despedimento desta "estrela" difícil e egoísta trouxe benefícios financeiros, pois o volume total de vendas da loja cresceu quase 30 por cento depois de ele se ter ido embora. Individualmente nenhum vendedor vendia tanto quanto a "estrela" que tinha saído, mas a loja como um todo estava melhor. Pelos vistos, a competição disfuncional e as experiências desagradáveis para os clientes que este imbecil gerava faziam vir ao de cima o pior em todos os outros.

Também descobri casos em que, numa tentativa de reparar uma cultura despedaçada, a direcção limpou a organização destas pessoas detestáveis. Um executivo de topo de uma empresa na lista das 500 maiores da *Fortune* disse-me como no início da década de 90 um novo CEO chegou à empresa e logo lançou uma campanha para afastar cerca de 25 executivos desagradáveis. Este CEO estava determinado em ver-se livre destes "idiotas reconhecidos" pois eles criavam uma "cultura de medo" que fazia da empresa um lugar onde "não era divertido trabalhar e era pouco agradável para os clientes". Este executivo disse-me que "foi como se tivesse feito *posters* com a mensagem: Procuram-se Idiotas" e tivesse posto a fotografia destas 25 pessoas neles". E "apesar de ter vontade de pô-los em fila e fuzilá-los a todos de uma vez", o CEO utilizou o sistema de avaliação de desempenho para, de forma metódica, afastar as pessoas na sua "lista de alvos a abater" num prazo de dois anos. Esta limpeza foi a peça-base de uma mudança cultural que "trouxe humanidade para o negócio, tanto para os funcionários como para os clientes", e ajudou-os a quebrar "uma série de maus hábitos, como, por exemplo, ter medo de experimentar ideias novas". E apesar de não poder revelar o nome desta empresa, posso dizer que na última década passou de uma posição intermédia para um dos melhores desempenhos na sua área de actividade.

Quer se trate de um acontecimento isolado ou de parte de uma limpeza, sempre que um *bully* incorrigível sai da empresa de vez, pode-se sentir o alívio. Quando perguntei a Ann Rhoades sobre a sua experiência em "fazer sair com facilidade" estas pessoas detestáveis, ela salientou que em todos os lugares onde trabalhou, incluindo companhias aéreas, bancos e hotéis, seguiram-se uma série de acontecimentos previsíveis. Para começar, apesar destas decisões serem quase sempre difíceis de tomar e muitas vezes debatidas de forma acesa, as melhorias são tão visíveis e rápidas que "toda a gente diz «porque é que esperámos tanto tempo, deveríamos tê-lo feito mais cedo»". Ann acrescentou que as pessoas que estavam na iminência de sair da empresa acabam por ficar e que torna-se mais fácil recrutar pessoas novas para se juntarem ao grupo de trabalho. E tal como nos mostra o exemplo da Men's Wearhouse, ela reforçou a ideia de que os imbecis que parecem ser tão valiosos que "não nos podemos dar ao luxo de os perder" revelam-se afinal como não sendo tão valiosos assim e são facilmente substituíveis. Ann terminou a sua lista com um pormenor interessante: a pessoa que fica no cargo anteriormente ocupado pelo imbecil fica numa posição invejável porque "se for, no mínimo, agradável" os restantes funcionários ficarão contentes por vê-la em vez do tirano mal intencionado!

Aplicar a regra a compradores e clientes

As organizações que levam a sério a aplicação da "regra idiotas não" aplicam-na a compradores, a clientes, a estudantes e a todas as outras pessoas que nelas trabalhem, e não apenas aos funcionários. Aplicam a regra a todos porque as pessoas não merecem abusos, os compradores (ou contribuintes) não pagam para aturar ou assistir a situações em que imbecis rebaixam os outros, e se a crueldade persistente por parte de algum grupo não for travada, isso cria uma cultura de desprezo que atinge todas as pessoas da organização. O falecido Joe Gold, o fundador do Gold's Gym, que está actualmente em mais de 550 locais em 43 países, aplicou uma variante desta regra aos clientes. Ele não poupou nas palavras: "Para simplificar, devemos gerir o nosso ginásio como se fosse a nossa casa. Mantê-lo limpo e em bom estado de funcionamento. Não são permitidos imbecis. Os membros pagam a tempo e horas e se começarem a dar chatices, expulsamo-los." Gold aplicou esta regra aos clientes a partir do momento em que abriu o seu primeiro ginásio a um quarteirão do "Muscle Beach" em Venice, na Califórnia, onde entre os seus primeiros clientes estava Arnold Schwarzenegger, que ganhou sete títulos de Mr. Olympia, se tornou uma estrela de cinema, e mais tarde governador da Califórnia. Os líderes da JetBlue e da Southwest colocam as coisas de uma forma menos colorida do que Gold, mas aplicam uma regra semelhante aos passageiros. Clientes que apresentam um comportamento desagradável para com os funcionários ou outros passageiros são postos numa lista "negra" e não conseguem comprar bilhete – cada empresa tem actualmente centenas de antigos clientes nessa lista. Os líderes destas empresas também corroboram aquilo que dizem com acções visíveis. Consideremos o que aconteceu num dia em que Ann Rhoades e um outro executivo da Southwest viajavam em negócios e presenciaram um passageiro a repreender os funcionários no balcão de *check-in* – a praguejar, a gritar, e a inclinar-se para a frente de forma intimidatória. O colega de Ann dirigiu-se ao balcão e disse a esse imbecil que todas as pessoas ficariam mais contentes se ele voasse noutra companhia aérea, que os funcionários da Southwest não mereciam ser tratados daquela forma, e acompanhou o "imbecil enraivecido" até outra companhia aérea e comprou-lhe um bilhete.

Uma investigação sobre como os membros da polícia lidam com os criminosos e os cidadãos acrescenta um pormenor interessante à regra. O professor do MIT John Van Maanen passou mais de um ano a realizar um estudo antropológico intensivo sobre os membros da polícia numa cidade grande. Ele frequentou a academia de polícia e passou meses a acompanhar os polícias para ficar a conhecer o seu trabalho. Num artigo, Van Maanen relata que os polícias percebem logo que não podem travar todos os criminosos, por isso concentram-se em travar os criminosos mais perigosos, violentos e imorais. Um polícia veterano disse a Van Maanen: "Penso que o nosso trabalho se resume a não deixar os idiotas tomarem conta da cidade. Estou a falar dos idiotas que andam por aí a querer mostrar que intimidam toda a gente. São esses os idiotas com que temos de lidar e dar conta na patrulha. São eles que tornam difícil o trabalho das pessoas decentes por aqui. Se olhar para a maior parte do que nós fazemos, não é mais do que controlo de idiotas."

Van Maanen também apurou que quando os cidadãos ficavam enraivecidos ou os insultavam, os polícias acreditavam que estes mereciam o rótulo de idiotas

– por isso atribuíram castigos que iam desde multas de trânsito, a tratamento grosseiro, e até (apesar de ilegal) um tratamento mais bruto. Uma "história" que os polícias contaram ilustra como um cidadão pode merecer o rótulo:

> Polícia ao motorista que foi mandado parar por excesso de velocidade:
> "Posso ver a sua carta de condução, por favor?"
> Motorista:
> "Por que raio é que está a implicar comigo em vez de estar noutro lugar à procura dos verdadeiros criminosos?"
> Polícia:
> "Porque você é um idiota, é por isso... Mas eu não sabia disso antes de você ter aberto a boca."

O Gold's Gym, a Southwest e a JetBlue Airlines, e os departamentos de polícia lidam todos com uma clientela completamente diferente, mas a regra é útil nestes três ambientes, pois ajuda os funcionários a conter uma cultura de desacatos e abusos, ou, no caso da polícia, pode ao menos ajudá-los a travar que o pior se desenvolva nas ruas.

Diferenças de poder e estatuto: as raízes de muitos males

Os líderes da maioria das organizações não só ganham mais do que os outros como gozam também de deferência constante e falsos elogios. Um enorme conjunto de estudos académicos – centenas – mostra que quando as pessoas são colocadas em cargos de poder começam a falar mais, a ficar com aquilo que querem, a ignorar o que as outras pessoas dizem ou querem, a ignorar a forma como as pessoas menos poderosas reagem ao seu comportamento, a comportar-se de forma mais rude, e, regra geral, a tratar as situações e as pessoas como meio de satisfação das suas próprias necessidades – e que serem colocados num cargo de poder não lhes permite perceber que se estão a comportar como imbecis.

A minha colega de Stanford, Deborah Gruenfeld, passou anos a estudar e a catalogar os efeitos de colocar pessoas em cargos onde podem exercer de forma dominadora o seu poder sobre os subordinados. A noção de que o poder corrompe as pessoas e que as faz agir como se estivessem acima das regras destinadas à "arraia-miúda" é amplamente aceite. Mas Gruenfeld mostra que é impressionante a rapidez com que as vantagens do poder, mesmo sendo pequenas e triviais, podem mudar a forma como as pessoas pensam e agem, normalmente para pior. Numa experiência realizada, pediu-se a grupos de estudantes para discutirem uma longa lista de questões sociais polémicas (tais como o aborto e a poluição). Em cada grupo, um membro foi aleatoriamente designado para o cargo mais elevado em termos de poder, de avaliador das recomendações feitas pelos outros dois membros. Ao fim de 30 minutos, o experimentador trouxe um prato com cinco bolachas: os estudantes mais "poderosos" apresentaram uma probabilidade maior de tirar uma segunda bolacha, mastigar com a boca aberta, e ficar com migalhas na cara e em cima da mesa.

Este estudo assusta-me, pois mostra como ter apenas uma pequena vantagem de poder faz com que pessoas normais fiquem com a melhor parte do bolo para elas e se comportem como animais. Pense nos efeitos de estar num cargo em que, em milhares de interacções por ano, é-lhe dada a melhor parte do bolo (não apenas uma remuneração maior, mas as melhores *suites* nos melhores hotéis, refeições nos restaurantes mais agradáveis, viagens em primeira classe enquanto os seus subordinados viajam em classe económica, e por aí fora), em que são poucas as pessoas que questionam se merece ou não todas essas coisas. E se estas reclamarem, é "protegido" por alguém num cargo elevado que logo lhe diz que esses queixinhas ingratos não sabem o que dizem.

Apanhei com esse tipo de comportamento grosseiro há uns anos. Foi num almoço com o CEO de uma empresa lucrativa, que tinha acabado de ser considerado por uma famosa revista de negócios como um dos líderes empresariais de topo. Ele tratou o nosso pequeno grupo de quatro ou cinco professores (todos profissionais com mais de 50 anos) como se fôssemos crianças ingénuas e um bocadinho estúpidas. Apesar de, em teoria, ele ser nosso convidado, disse-nos onde sentar, quando podíamos falar (interrompeu-nos várias vezes, a meio de uma frase, para nos dizer que já ouvira o suficiente ou que não lhe interessava aquilo que estávamos a dizer), criticou a comida que pedimos ("isso vai pô-lo gordo"), e, regra geral, transmitiu a ideia de que ele é que mandava, e que o nosso trabalho deveria ser concentrar os nossos esforços para satisfazer todos os seus caprichos.

O mais impressionante foi que, tal como mostram os estudos realizados sobre o poder, ele parecia ignorar por completo que estava a ser um *bully* connosco e que nós nos estávamos a sentir ofendidos. Foi surpreendentemente explícito relativamente ao facto de que o seu objectivo era extrair de nós o máximo de valor possível; também passou o tempo todo a atribuir os louros a si próprio por um grande número de realizações sem dar crédito a terceiros. Esta forma de agir é consistente com as conclusões de que as pessoas poderosas "interpretam os outros como meios para atingir os seus próprios objectivos", ao mesmo tempo que atribuem a si próprias louros excessivos pelas coisas boas que lhes acontecem, a elas e às organizações. Todos nós nos sentimos oprimidos e incomodados por esta pessoa abominável, mas nenhum de nós se queixou disso ao próprio nem o confrontou em privado. Um dos membros do nosso grupo quase que perdeu a paciência por várias vezes, mas teve o "bom senso" de se retirar da reunião em várias ocasiões e acabou por sair mais cedo.

Muitas das dinâmicas por que passámos neste almoço são reminiscências do que se passa em grupos de babuínos selvagens. Desde 1978, e durante mais de 20 anos, os biólogos Robert Sapolsky e Lisa Share seguiram um grupo de babuínos selvagens no Quénia. Sapolsky e Share chamaram-lhes o "grupo do depósito de lixo", pois grande parte da comida a que os babuínos tinham acesso vinha de uma lixeira de um albergue para turistas. Mas no início da década de 80 nem todos os babuínos tinham permissão para comer da lixeira: os machos agressivos e com uma posição social mais elevada dentro do grupo recusavam-se a permitir que os machos com uma posição social inferior ou as fêmeas comessem o lixo. Entre 1983 e 1986, o consumo de carne infectada da lixeira conduziu à morte de 46 por cento dos machos adultos do grupo. Os machos maiores e piores foram dizimados. Tal como noutros grupos de babuínos que foram estudados, antes de morrerem, estes machos de posição social superior mordiam, ameaçavam e intimidavam, e perseguiam os machos de posição social igual ou inferior, e, ocasionalmente, eram agressivos com as fêmeas.

Sobreviver nas empresas

Mas quando os machos de posição superior foram dizimados em meados da década de 80, a agressão por parte dos (novos) babuínos de posição superior caiu a pique, com a maioria dos casos de agressão a acontecerem entre babuínos da mesma posição social, e poucos casos de agressão em relação a machos de posição inferior, e nenhuma agressão dirigida a fêmeas. Os membros do grupo também passavam uma maior percentagem de tempo a cuidar da sua aparência, sentavam-se mais próximos uns dos outros do que no passado, e amostras hormonais indicavam que os machos de posição inferior sofriam de menos *stress* do que os subalternos noutros grupos de babuínos. É interessante verificar que estes efeitos persistiram pelo menos até ao final da década de 90, muito tempo depois dos primeiros machos "mais afáveis" terem desaparecido. Para além disso, quando os machos adolescentes que cresceram noutros grupos se juntaram ao "grupo do depósito de lixo", também eles se tornaram menos agressivos comparativamente com o que se passava noutros grupos de babuínos. Sapolsky observou: "Não entendemos os mecanismos de transmissão [...] mas os novos imbecis estão, obviamente, a aprender: nós não fazemos as coisas dessa maneira por aqui". Por isso, pelo menos à escala dos babuínos, o grupo do depósito de lixo desenvolveu e aplicou aquilo a que eu chamaria "regra idiotas não".

Eu não estou a sugerir que se livre de todos os líderes da sua organização, por mais tentador que isso seja por vezes. A lição que tiramos dos babuínos é que quando, num grupo, a distância social que existe entre os mamíferos de posição mais elevada e os de posição mais baixa é reduzida, e são tomadas medidas para manter essa distância menor, existe uma menor probabilidade de os membros com uma posição mais elevada se comportarem como imbecis. Os líderes humanos podem usar esta lição para evitar tornar-se, também, imbecis maus, egoístas e insensíveis. Apesar do aparato que os rodeia, alguns líderes mantêm-se sintonizados com aquilo que as pessoas à sua volta *realmente* sentem, com aquilo em que os seus funcionários *realmente* acreditam relativamente à forma como a organização está a ser gerida, e com aquilo que os clientes *realmente* pensam sobre os produtos e serviços da sua empresa. Como nos ensina o "grupo do depósito de lixo", o que estes líderes fazem principalmente é tomar medidas fortes e constantes para amortecer em vez de aumentar as diferenças de poder entre eles próprios e os outros (tanto dentro como fora da empresa).

A remuneração é um sinal claro das diferenças de poder, e muitos estudos sugerem que quando se reduz a diferença entre as pessoas mais bem pagas e menos bem pagas na empresa, acontecem imensas coisas boas, incluindo melhor desempenho financeiro, melhor qualidade do produto, maior produtividade de investigação e, nas equipas de basebol, um melhor registo de vitórias e derrotas. Mas a ideia de reduzir diferenças de remuneração não está popularizada. Apesar destas conclusões, o CEO de uma típica organização grande ganha 500 vezes mais do que ganha em média um trabalhador. No entanto, a redução desta distância diz, tanto ao CEO como aos trabalhadores, que estes não são estrelas nem seres superiores.

Consideremos James D. Sinegal, o fundador e CEO da Costco, a loja retalhista. O seu salário em 2003 foi de 350 000 dólares, que é cerca de dez vezes mais do que ganha um dos seus melhores funcionários que recebem à hora, e mais ou menos o dobro do que ganha um típico gestor de loja da Costco. A Costco também paga 92,5 por cento dos custos com cuidados de saúde dos funcionários. O Sr. Sinegal poderia ficar com uma parte do bolo muito maior para si, mas recusou receber um bónus nos anos rentáveis porque "não atingimos os objectivos que tínhamos traçado para nós" e vendeu apenas uma modesta percentagem das suas acções ao longo dos anos. Até mesmo a comissão de remunerações da Costco reconhece que o CEO é mal pago.

Sinegal acredita que se cuidar das suas pessoas e se ficar próximo delas, estas vão servir melhor o cliente, a Costco será mais rentável, e todos (incluindo os accionistas como ele) ganham. Sinegal utiliza outras medidas para reduzir a "distância de poder" que existe entre si e os outros funcionários. Ele visita centenas de lojas da Costco por ano, misturando-se com os funcionários enquanto trabalham, e faz perguntas sobre o que pode fazer para melhorar as coisas para eles e para os clientes da Costco. Apesar do cepticismo constante dos analistas relativamente aos elevados gastos com pessoal, os resultados, lucros e preço por acção da Costco continuam a subir. Tratar os funcionários de uma forma justa também ajuda os resultados por outra via uma vez que a "taxa de quebras" da Costco (roubos por parte dos funcionários e dos clientes) é de apenas duas décimas de um por cento; outras cadeias de retalho têm uma taxa 10 a 15 vezes superior. Sinegal apenas vê tudo isto como bom negócio, porque quando se é CEO "toda a gente está sempre de olhos postos em si de qualquer modo. Se pensam que a mensagem que lhes está a passar é falsa, elas vão dizer, «Quem é que ele se julga?»".

Sinegal é um CEO fora do vulgar, que consegue reduzir a distância social entre ele próprio e todas as outras pessoas da empresa. Nos Estados Unidos e noutros países ocidentais, temos tendência para criar diferenças maiores entre os vencedores, os outros, e os perdedores, mas se quisermos ter menos idiotas e, também, um melhor desempenho organizacional, a coisa certa a fazer é reduzir as diferenças entre os membros com cargos mais elevados e menos elevados da organização. Isto não significa que as organizações devam aspirar a eliminar todas as diferenças de posição entre membros; pelo contrário, algumas pessoas são mais importantes para a organização do que outras por serem mais difíceis de substituir ou por terem conhecimentos profissionais mais essenciais. As diferenças de posição acompanhar-nos-ão sempre, e mesmo num lugar como a Costco, Sinegal, o CEO, está ainda no topo da pirâmide e o funcionário que varre o parque de estacionamento está na base. E George Zimmer está no lugar de topo da Men's Wearhouse e um "consultor de vendas" novato está na base. Mas se olharmos para o que estes e outros líderes fazem para construir organizações com menos idiotas – e, também, estimular um desempenho maior – verificamos que adoptam aquilo a que chamo *paradoxo poder-desempenho*: eles percebem que a organização tem e deve ter uma estrutura hierárquica, mas fazem tudo o que podem para subestimar e reduzir diferenças de posição social e poder entre os seus membros.

Concentre-se nas conversas e nas interacções

No capítulo 1, descrevi um inquérito sobre agressão no local de trabalho realizado no Departamento Americano de Assuntos dos Veteranos de Guerra (DAAVG). Este fez parte de um grande esforço de mudança – que envolveu cerca de 7000 pessoas em 11 locais pertencentes ao DAAVG – com o objectivo de reduzir o *bullying*, os abusos psicológicos, e as agressões a funcionários. Cada local tinha uma "equipa de acção" constituída por gestores e membros do sindicato que desenvolveram um plano de intervenção adaptado a cada situação. Mas houve aspectos cruciais semelhantes em cada local: pôr as pessoas a conhecer os danos causados pelas agressões, a utilizar exercícios de representação de papéis para "se porem no lugar" dos *bullies* e das vítimas, e a reflectir antes e depois de agir. Os membros da equipa de acção e os dirigentes locais da DAAVG também se comprometeram publicamente a ser modelos de comportamento civilizado. As equipas concentravam-se em fazer pequenas boas mudanças em cada lugar. Num dos locais, os gestores e os funcionários trabalharam para eliminar pequenas desconsiderações aparentes, como olhares irritados, interrupções, e tratar as pessoas como se fossem "invisíveis" – desconsiderações que, no passado, se tinham transformado em problemas grandes. Noutro local, organizaram aquilo a que chamaram "análise detalhada" todas as sextas-feiras à tarde, em que o grupo chegava ao fundo dos pequenos detalhes dos grandes problemas – como, por exemplo, pôr os veteranos a falar sobre "como é ser eu" e "como me poderiam ajudar mais".

Os "resultados" incluíram menos horas extraordinárias e pedidos de baixa por doença, menos queixas de funcionários e tempos de espera mais curtos dos doentes. Houve também sinais de aumento de produtividade em vários locais. A produtividade aumentou nove por cento no Cemitério de Houston, medida pelo número de enterros por trabalhador. Também se verificou que a concentração nas pequenas coisas que as pessoas faziam foi, como eu diria, uma técnica de gestão de idiotas extraordinariamente eficaz. Inquéritos realizados antes (em Novembro de 2000) e depois (em Novembro de 2002) revelaram que estas intervenções estiveram na base de uma diminuição substancial, em 32 de 60 tipos, de *bullying* nos 11 locais – coisas como olhares irritados, praguejar, "deixar de falar com a pessoa", fazer gestos obscenos, berrar e gritar, ataques e ameaças físicas, ter explosões de raiva, lançar rumores maldosos e fazer intrigas, ameaças de danos físicos, e fazer comentários sexistas e racistas. No Cemitério de Houston, por exemplo, os funcionários relataram uma diminuição de 33 por cento no "total de actos de agressão registados". O gestor de projecto, James Scaringi, disse-me que desde 2006 que a maioria destes programas ainda continuava e que intervenções independentes estavam a aparecer, de repente, por todo o DAAVG (que tem cerca de 220 000 funcionários), incluindo sobre civismo no local de trabalho e um outro que ensina às pessoas como impedir que pequenos conflitos se transformem em grandes problemas.

A lição que se pode tirar daquela que foi, na minha opinião, a maior intervenção sobre *bullying* alguma vez feita nos Estados Unidos, é que pequenas mudanças, aparentemente triviais, na forma como as pessoas pensam, falam e agem podem afinal produzir grandes efeitos. O gestor de projecto, James Scaringi, referiu-me o seguinte: "Alguns de nós duvidávamos, no início, que mudanças tão pequenas pudessem fazer a diferença, mas as provas convenceram-nos do contrário".

Ensinar as pessoas a lutar

Tal como referi anteriormente, aplicar uma "regra idiotas não" não significa transformar a sua organização num paraíso para pessoas fracas avessas ao conflito. Os melhores grupos e organizações – em especial, os mais criativos – são lugares onde as pessoas sabem lutar. Na Intel, o maior fabricante de semicondutores do mundo, todos os funcionários a tempo inteiro têm aulas de "confrontação construtiva" e isso é um símbolo da cultura da empresa. Os líderes e os formadores enfatizam que acontecem coisas más quando "os *bullies* ganham", quando lutar significa ataques pessoais, falta de respeito e intimidação grosseira. Estes efeitos nefastos incluem casos em que "só as vozes mais altas e fortes se fazem ouvir", uma "ausência de diversidade de opiniões", uma má comunicação, alta tensão, produtividade baixa, e a convicção de que as pessoas primeiro se "resignam" a conviver com a crueldade, e que depois se "despedem" da empresa. A Intel afirma com convicção que *a única coisa pior do que demasiada confrontação é a ausência de confrontação*. Por isso, ensina os funcionários a abordar as pessoas e as questões de forma positiva, a utilizar as evidências e a lógica, e a atacar os problemas e não as pessoas.

Karl Weick, da Universidade do Michigan, aconselha: "Luta como se tivesses razão, ouve como se estivesses enganado." É isto que a Intel tenta ensinar através de palestras iniciais, da representação de papéis, e principalmente através da forma como os gestores e os líderes lutam. Eles ensinam às pessoas *como* lutar e *quando* lutar. O lema deles é "discorda e depois empenha-te", porque criticar, reclamar e discutir depois da decisão ter sido tomada mina os esforços e as atenções – o que não deixa ver se a decisão falhou por ser uma má ideia ou se a ideia era boa mas foi implementada com um grau de empenho e energia insuficientes. As pessoas também são ensinadas a não entrar em discussões até todos os factos importantes estarem em cima da mesa porque é uma perda de tempo e porque tomar publicamente uma posição baseada em informação incompleta faz as pessoas defenderem e empenharem-se, publicamente, em trajectórias que, no final das contas, entram em conflito com os melhores indícios.

A abordagem da Intel é apoiada por muitas experiências e estudos de campo, que mostram que o conflito destrutivo é, tipicamente, "emocional", "interpessoal", ou "baseado em relacionamentos", quando as pessoas lutam porque se desprezam umas às outras e, em alguns casos, quando existe um histórico de tentarem fazer mal umas às outras. Os grupos que lutam desta forma são menos eficazes, tanto em tarefas criativas como em tarefas rotineiras, e as pessoas que os compõem estão constantemente preocupadas e desmoralizadas. Pelo contrário, os investigadores verificaram que o conflito é construtivo quando as pessoas discutem por causa de ideias e não por questões de relacionamento ou personalidade, aquilo a que chamam conflito "intelectual" ou "de tarefa". Este tipo de conflito acontece – como é esperado na Intel – quando as pessoas "baseiam a discussão em informação factual actualizada" e "desenvolvem várias alternativas para enriquecer o debate". Argumentos como estes foram a marca de uma equipa liderada por Bob Taylor, na Xerox PARC, na década de 70, que recebeu os louros por ter desenvolvido muitas das tecnologias que tornaram a revolução dos computadores possível (incluindo o computador pessoal e a impressão a laser). Sob a sua liderança, "era aceitável contestar o pensamento de uma pessoa, mas nunca o seu carácter. Taylor esforçou-se por criar uma democracia em que as ideias de todos eram imparcialmente sujeitas à demolição aprendida pelo grupo, independentemente das credenciais ou da posição hierárquica do proponente".

É preciso ter cuidado, no entanto, pois estas histórias bonitas e conclusões de investigações realizadas em condições perfeitas escondem o quão confuso e difícil pode ser lutar sobre ideias com outras pessoas sem nos comportarmos como idiotas. Eu esforço-me constantemente por vencer este desafio. Jeff Pfeffer é a pessoa com quem escrevo mais vezes (escrevemos dois livros e vários artigos) e um dos meus melhores amigos. Nós dois dizemos, e acreditamos, que "quanto mais lutamos, melhor escrevemos". No entanto, quando o Jeff critica uma das minhas ideias (o que acontece várias centenas de vezes por ano), a minha primeira reacção é pensar "este idiota", e tenho de parar um momento, acalmar-me, e depois responder à lógica e aos factos que ele me apresentou.

Neste momento, detecto tensões semelhantes numa equipa, à qual pertenço, e que foi recentemente criada no Hasso Plattner Institute for Design, em Stanford, constituída por um grupo diversificado e experiente de *designers*, gestores e executivos, estudantes, e académicos tradicionais como eu, que estão a tentar disseminar o pensamento de *design* e desenvolver formas mais cooperativas e criativas de dar aulas. Temos até um psiquiatra – chamamos-lhe o "doutor" – que vai às nossas reuniões e nos ajuda a resolver as tensões e a seguir em frente. Apesar dos nossos objectivos partilhados, do respeito mútuo, e da ajuda do "doutor", tive vários incidentes em que pensei estar envolvido num processo de confrontação "construtiva", e em que descobri mais tarde que tinha magoado uma pessoa. E recentemente tive uma experiência com um membro da faculdade que fez uma óptima sugestão para melhorar as minhas aulas. Em vez de "ouvir como se eu estivesse enganado", a minha reacção imediata foi escrever-lhe um *e-mail* desagradável que continha vários comentários pessoais depreciativos. Por sorte, decidi não o enviar, saí e acalmei-me (e bebi um agradável copo de vinho), pensei no assunto, e cheguei à conclusão de que ele tinha razão. Segui a sua sugestão (basicamente, que se desse mais tempo e atenção pessoal aos estudantes durante as apresentações de projecto), e a aula foi um enorme sucesso. Outras vezes, acabo por não fazer observações críticas que acredito poderem ajudar o grupo, com medo de gerar demasiada irritação. O que quero dizer é que, ao passar de um momento ao outro, e de grupo para grupo, torna-se difícil encontrar o ponto óptimo entre sermos suficientemente construtivos e suficientemente críticos, e que, como a vida é confusa e desordenada, todos nós iremos cometer erros.

Há alguns anos, dirigi um *workshop* de gestão com um grupo de cerca de 25 executivos de topo da Intel. Perguntei-lhes como era participar em confrontações construtivas eficazes. Eles responderam que estas, por regra, tornavam a empresa muito mais eficiente, mas que era uma luta constante fazê-las funcionar, já que algumas equipas se "desviavam" na direcção da confrontação destrutiva, com ataques pessoais e outras situações desagradáveis a inquinarem as reuniões, enquanto que outras equipas se "desviavam" para a direcção oposta, transformando-se num grupo de pessoas fracas, tímidas, e avessas ao conflito. O conselho que obtive dos executivos da Intel foi semelhante às lições aprendidas durante o esforço de mudança organizacional nos locais da Administração dos Veteranos de Guerra. Ter uma política e alguma formação não é suficiente. Para termos interacções eficazes, precisamos de nos concentrar naquilo que está a acontecer em cada conversa e reunião, de ajustar o que nós e os outros fazemos "no momento", e de reflectir constantemente sobre as pequenas coisas que acontecem.

Deveria ser a "regra um idiota"?

Décadas de investigação sobre a forma como os grupos de seres humanos reagem a membros "com um comportamento desviante", implica que ter um ou dois idiotas por perto pode ser melhor do que não ter nenhum. Vou começar com a investigação sobre o lixo, uma série de estudos inteligentes sobre deitar lixo para o chão realizada por Robert Cialdini, da Universidade do Arizona. Num dos estudos, os assistentes de investigação de Cialdini criaram uma "condição" em que deitaram para o chão "um conjunto de folhetos, papéis de rebuçado, beatas de cigarro, e copos de papel" em volta de um parque de estacionamento pequeno e fechado. Na outra "condição", limparam o parque, cuidadosamente, de forma a não haver lixo no chão. Colocaram um folheto grande em cada carro, debaixo do limpa-pára-brisas do lado do condutor, que dizia: "ESTA É A SEMANA DA SEGURANÇA RODOVIÁRIA. POR FAVOR, GUIE COM PRECAUÇÃO", e que o condutor tinha de tirar para conseguir ver através do vidro da frente.

A questão era saber o que o condutor ia fazer com aquele pedaço de lixo. Ia procurar um caixote de lixo ou ia deitar o folheto para o chão? O que se verificou foi que os condutores tinham uma maior probabilidade de deitar o folheto para o chão nos locais que já estavam sujos. Mas foi adicionada uma situação inesperada: metade dos condutores cruzaram-se com um investigador que fazia o papel de "cúmplice" (assim que saíam do elevador) que, de forma a chamar a atenção, primeiro lia o folheto e depois deitava-o para o chão. O efeito de ver este "imbecil" violar a norma de não deitar lixo para o chão foi intrigante – os condutores que viam a norma a ser violada apresentavam uma menor probabilidade de deitar o lixo para o chão numa garagem limpa (6 por cento *versus* 14 por cento), mas uma maior probabilidade de deitar o lixo para o chão numa garagem suja (54 por cento *versus* 32 por cento).

O que concluímos daqui é que quando vemos alguém quebrar uma regra conhecida – como, por exemplo, "não deitar lixo para o chão" – e, aparentemente, não há mais ninguém a fazê-lo, então uma única "acção desviante" chama a atenção, o que faz com que a regra se torne mais viva e forte nas nossas mentes. Mas quando vemos uma pessoa quebrar uma regra e, aparentemente, toda a gente o está a fazer, temos ainda uma maior probabilidade de também quebrar a regra – porque há indícios de que não vamos sofrer consequências, ou mesmo porque se espera que quebremos a regra adoptada. Outros estudos de Cialdini mostraram que apesar de as pessoas terem uma menor probabilidade de deitarem lixo para o chão quando um lugar está limpo do que quando está sujo, elas têm uma menor probabilidade de deitar lixo para o chão quando nos locais já há lixo no chão, do que quando não há lixo nenhum. Mais uma vez, o mesmo princípio mostra que quando uma ou talvez duas pessoas quebram uma regra conhecida, há, na realidade, uma maior probabilidade de a cumprir estritamente do que quando ninguém a quebra – isto porque o contraste absoluto entre o mau comportamento de um único "membro desviante" e o bom comportamento de todas as outras pessoas torna esse bom comportamento mais vivo nas nossas mentes.

As conclusões de Cialdini são consistentes com as investigações sobre comportamentos desviantes e normas sociais, que mostram que quando se mantém por perto uma ou duas "maçãs podres" – e, possivelmente, rejeitadas, castigadas, e afastadas – todas as outras pessoas se tornam mais conscenciosas relativamente ao cumprimento das regras, quer estas estejam ou não escritas. A implicação para se construir um local de trabalho civilizado é que se nele trabalharem um ou dois imbecis e *bullies*, e não forem recompensados pelas suas acções, outros membros da organização serão mais diligentes em aderir à "regra idiotas não". Um "idiota simbólico" lembra a todos como não se devem comportar e quais são as consequências desagradáveis se quebrarem a regra.

Não conheço nenhuma organização que contrate imbecis simbólicos propositadamente, mas trabalhei em, e com, algumas organizações que contrataram, por acaso, um ou dois deles, que depois acabaram (inconscientemente) por mostrar a todas as outras pessoas como *não* se deviam comportar. Independentemente do cuidado que as empresas tenham a filtrar os candidatos, algumas pessoas tornam-se desagradáveis por motivos pessoais (que podem não ter nada a ver com o trabalho) e algumas podem esconder o seu lado negro até serem contratadas, ou mesmo até serem promovidas a professor do quadro, a sócio, ou talvez a seu chefe. Como disse no meu artigo publicado pela *Harvard Business Review*: "Por isso, ao querer não contratar nenhum idiota talvez possa ficar exactamente com um ou dois que precisa". Um dos *e-mails* de resposta que recebi, de um consultor numa grande empresa de serviços, acrescentou algo interessante: "Concordo que precise de ter um imbecil por perto, mas todas as pessoas deveriam saber o lugar dele. Ele, seguramente, não deveria ser promovido". Este consultor acertou na *mouche*. Apesar de tudo, se mantiver por perto um ou dois destes idiotas simbólicos, vai querer demonstrar com clareza que o comportamento deles é *errado*.

Aviso: não seja demasiado rápido a rotular as pessoas

Aqui há uns anos, tive uma conversa com Peter McDonald, um dos engenheiros veteranos da IDEO. Ele estava a falar de algumas das pessoas mais difíceis da IDEO, pessoas que são conhecidas nalgumas partes da empresa como imbecis. Disse que a IDEO era até bastante eficaz a manter os idiotas afastados da empresa, mas que, por vezes, os novatos tomam as pessoas difíceis e directas, e que insistem em aplicar padrões elevados ao seu trabalho e ao trabalho dos outros, por pessoas desagradáveis e mal intencionadas. "Em todos os casos em que trabalhei com uma pessoa que era supostamente um idiota, acabei sempre por chegar à conclusão de que o rótulo não era merecido, porque depois de as conhecer bem fiquei a achar que eram pessoas decentes".

A experiência de Peter na IDEO fornece várias lições sobre a gestão eficaz de idiotas. Em primeiro lugar, resista à tentação de aplicar o rótulo a todas as pessoas que o aborrecem, ou que estão a ter um mau momento. Se aplicar o rótulo a toda a gente, então este perde o seu significado. Em segundo lugar, não seja demasiado rápido a rotular as pessoas de idiotas certificados só porque estas se comportam por vezes como idiotas temporários ou porque têm um aspecto pouco simpático. Algumas das pessoas com uma aparência mais dura têm um coração grande depois de as conhecermos – eu chamo-lhes porcos-espinhos com coração de ouro. Quando uma pessoa raramente sorri, quando tem dificuldade em olhar os outros nos olhos, ou parece ter sempre um sorriso, a nossa reacção natural é pôr-lhe o rótulo de imbecil. Peter aprendeu que é melhor não julgar as pessoas e ver o que estas realmente fazem – concentrar-se na forma como tratam as pessoas noutras dimensões, em especial na forma como tratam as pessoas menos poderosas e menos importantes. Em terceiro lugar, a melhor forma de superar o estereótipo negativo de uma pessoa – crenças não fundamentadas de que uma pessoa ou todas as pessoas numa determinada categoria são más, preguiçosas, estúpidas, ou o que quer que seja – é trabalhar com elas numa tarefa, com um determinado objectivo, que exija uma cooperação mútua e de sucesso. A investigação existente concentra-se na utilização deste método para superar estereótipos raciais e étnicos não fundamentados, mas, tal como mostra a experiência de Peter, este método deve estender-se a superar crenças não fundamentadas de que um determinado colega é um imbecil ou que faz parte de um grupo (por exemplo, advogados) que está estereotipado e em que "todos" são idiotas. É claro que há pessoas que não passam em todos estes testes, e que quanto mais sabemos sobre elas, mais indícios aparecem para confirmar que são idiotas certificados. Mas não deixa de ser prudente fazer esses juízos de valor com base em indícios melhores e não piores.

A conclusão:
Aplicar "a regra" através da ligação de grandes políticas a pequenas decências

Uma gestão de idiotas eficaz exige uma acção recíproca que estimule um ciclo virtuoso de auto-reforço entre as "grandes" coisas que as organizações fazem – as filosofias proclamadas, as políticas escritas, a formação e as práticas oficiais de contratação, despedimento e recompensa – e as formas mais pequenas através das quais as pessoas se relacionam, de facto, umas com as outras.

Vimos as grandes políticas na Southwest, tais como contratar e despedir pessoas com base nas suas atitudes e afastar passageiros incorrigíveis, que se reflectiam e eram reforçadas pelas coisas pequenas que os líderes faziam. Lembremos como Herb Kelleher se recusou a contratar o piloto que foi desagradável com a recepcionista, como Ann Rhoades encorajou um gestor pouco afável a encontrar um outro trabalho, e como outro executivo comprou a um passageiro desagradável um bilhete noutra companhia aérea. Consegui colocar as minhas ideias principais na lista anexa de "As 10 medidas mais importantes" que as organizações e os seus líderes podem tomar para aplicar a regra. Para sumarizar ainda mais, digo: ter todas as filosofias de negócio e práticas de gestão adequadas para dar apoio à "regra idiotas não" é inútil se não tratar a pessoa *que está mesmo à sua frente, neste momento, da forma correcta.*

As 10 medidas mais importantes
Aplicar a "regra idiotas não"

1. **Diga a regra, escreva-a e aja de acordo com ela.** Mas se não conseguir ou não quiser seguir a regra, é melhor não dizer nada – evitar uma declaração falsa é o menor de dois males. Não vai querer ser considerado um hipócrita e o líder de uma organização que está repleta de idiotas.
2. **Os idiotas vão contratar outros idiotas.** Mantenha os seus imbecis afastados do processo de contratação ou, caso não o consiga, envolva o maior número de pessoas "civilizadas" que conseguir nas entrevistas e nas decisões de forma a compensar a tendência das pessoas para contratarem "imbecis como eu".
3. **Livre-se deles rapidamente.** As organizações normalmente demoram muito tempo para se verem livres de idiotas certificados e incorrigíveis, e quando o fazem a reacção é, geralmente, "Porque é que esperámos tanto tempo para fazer isto?"
4. **Trate os idiotas certificados como funcionários incompetentes.** Mesmo que as pessoas façam outras coisas extraordinariamente bem, se tratarem mal os outros constantemente, devem ser tratadas como incompetentes.
5. **O poder faz crescer a crueldade.** Tenha em atenção que dar às pessoas – mesmo que pareçam ser pessoas boas e sensíveis – ainda que seja uma quantidade pequena de poder pode transformá-las em grandes imbecis.
6. **Adopte o paradoxo poder-desempenho.** Aceite que a sua organização tem e deve ter uma estrutura hierárquica, mas faça tudo aquilo que puder para subestimar e reduzir diferenças de posição social desnecessárias entre os seus membros. O resultado será um menor número de idiotas, e de acordo com os melhores estudos, também um desempenho melhor.
7. **Faça a gestão dos momentos** – não apenas das práticas, das políticas, e dos sistemas. Uma gestão de idiotas eficaz significa concentrar-se

Como implementar a regra, aplicá-la, e mantê-la activa

> e modificar as pequenas coisas que você e o seu pessoal fazem – e depois seguem-se as grandes mudanças. Reflicta sobre o que faz, observe como os outros reagem a si e como reagem uns aos outros, e esforce-se por ajustar o que acontece à medida que interage com a pessoa que está à sua frente nesse momento.
>
> 8. **Dê forma e ensine a "confrontação construtiva".** Desenvolva uma cultura em que as pessoas sabem quando argumentar e quando parar de lutar, e, para além disso, junte mais indícios, oiça os outros, ou pare de se lamentar e implemente a decisão (mesmo que ainda discordem de si). Quando for oportuno lutar por ideias, siga o conselho de Karl Weick, e "lute como se tivesse razão, oiça como se estivesse enganado".
>
> 9. **Adopte a "regra um idiota"?** Porque as pessoas seguem melhor as normas e as regras quando há casos raros e ocasionais de exemplos de "mau comportamento", as "regras idiotas não" podem ser seguidas com uma maior proximidade nas organizações que permitem que haja um ou dois idiotas simbólicos. Estes "modelos de exemplo contrário" relembram a todos o comportamento errado.
>
> 10. **Os resultados: ligar grandes políticas a pequenas decências.** Uma gestão de idiotas eficaz acontece quando existe um ciclo virtuoso de auto-reforço entre as "grandes" coisas que a organização faz e as pequenas coisas que acontecem quando as pessoas falam e trabalham juntas.

Também quero salientar que, numa organização, o verdadeiro teste à "regra idiotas não" acontece quando as coisas estão a correr mal. É fácil sermos civilizados quando as coisas estão a correr bem, quando temos vários êxitos, e há dinheiro e elogios em abundância. Como foi mencionado, durante os anos de crescimento desenfreado da Google, a empresa tem sido guiada pelo lema "não sejas desagradável". Lembremos que Shona Brown, vice-presidente, explicou que o lema significava, em parte, que ser um idiota na Google não era eficiente. Desde os primeiros tempos do lançamento da empresa, por Larry Page e Sergey Brin, que ser desagradável desnecessariamente é considerado "inaceitável" na Google. Eu espero que esta norma persista à medida que a empresa for amadurecendo e atinja (inevitavelmente) situações difíceis do ponto de vista financeiro. Infelizmente, algumas empresas tornam-se lugares desagradáveis quando as coisas se tornam difíceis. Mas não é necessário que assim seja.

A Xilinx, uma empresa de semicondutores liderada pelo CEO Wim Roelandts, continuou a ser um local de trabalho civilizado mesmo depois de a sua facturação ter caído mais de 50 por cento em 2001, e continuou a sê-lo em parte porque Roelandts tratava todos os empregados com um enorme respeito – falava com as pessoas de todos os níveis, convidava-as para irem até ao seu gabinete, e respondia atempadamente aos seus *e-mails* preocupados com informações factuais. Como disse um dos funcionários: "Eu sinto-me encorajado a fazer as minhas perguntas sobre qualquer assunto directamente ao CEO. Sempre que tenho tempo, ele responde às minhas mensagens no espaço de um dia". A forma humana de tratar as pessoas na Xilinx – que incluía evitar os *lay-offs* através de cortes salariais e programas de rescisão de contrato voluntários – fez as pessoas unirem-se em vez de se virarem umas contra as outras durante a crise. A empresa recuperou financeiramente em 2003, e, mais impressionante ainda, quando os problemas começaram a Xilinx ficara na 21.ª posição do *ranking* da *Fortune* dos "Melhores lugares para trabalhar" no inquérito de 2000. Eles conseguiram subir para o 6.º lugar em 2001 (durante a pior fase) e ficaram em 4.º lugar em 2002.

Tratar as pessoas com respeito, e não com desprezo, faz muito sentido em termos de negócio – apesar de nem sempre isso ser suficiente para salvar uma empresa com problemas. Nós não sabemos o que o futuro reserva às nossas organizações e às nossas vidas. Mas se trabalha com outras pessoas, sabe com certeza que os seus dias serão cheios de conversas cara a cara e por telefone, trocas de *e-mails*, reuniões, e outros tipos de interacções humanas – e que os seus momentos, horas, e dias no trabalho terão mais significado, serão mais pacíficos e divertidos se trabalhar num lugar onde a "regra idiotas não" reina com superioridade.

Capítulo 4

Como impedir que o "imbecil que há em si" se manifeste

NO CAPÍTULO ANTERIOR FALEI SOBRE COMO aplicar a regra às organizações. Neste capítulo vou falar sobre como aplicá-la a nós próprios, como impedir o "imbecil que há em nós" de aparecer. Algumas pessoas comportam-se como idiotas em todo o lado. Não conseguem evitar poluir até o lugar mais adorável, agradável e pacífico com o seu desdém e a sua raiva. Se for um perfeito idiota o tempo todo, então provavelmente precisa de tratamento psicológico, de tomar Prozac, de aulas de gestão de raiva, de meditação transcendental, de fazer mais exercício físico, ou de tudo isto. E os contributos conjuntos de colegas de trabalho e pessoas próximas, de terapeutas de todos os tipos, e da indústria farmacêutica ajudam muitos de nós a controlar a nossa crueldade. No entanto, muitos de nós, mesmo os mais "naturalmente" simpáticos e mentalmente saudáveis, podemos tornar-nos cruéis e corrosivos nas condições erradas. As emoções humanas, incluindo a raiva, o desprezo e o medo, são bastante contagiosas. A ampla presença de *bullies* na maior parte das organizações, a par das pressões da maior parte dos empregos,

Sobreviver nas empresas

torna difícil passar o dia de trabalho (ou pelo menos, ocasionalmente) sem iniciar ou ser apanhado em episódios que nos transformam em pessoas ameaçadoras e detestáveis.

No entanto, há formas de reprimir o nosso desprezo. O primeiro passo é ver o comportamento idiota como uma doença transmissível. Sempre que manifestamos o desdém, raiva, e desprezo, ou alguém o manifesta em nós, este espalha-se como um incêndio descontrolado. Elaine Hatfield e os seus colegas, que fizeram investigações sobre "Contágio Emocional", concluem que "quando conversam, as pessoas têm, automática e continuamente, a tendência para imitar e sincronizar os seus movimentos com as expressões faciais, as vozes, as poses, os movimentos, e os comportamentos instrumentais dos outros". Se mostrarmos desprezo, os outros (mesmo os espectadores, e não apenas os alvos) vão reagir da mesma forma, iniciando um ciclo vicioso que pode transformar as pessoas que estão à nossa volta em indivíduos horríveis e mal intencionados como nós.

Experiências realizadas por Leigh Thompson e Cameron Anderson mostram que, mesmo quando pessoas simpáticas se juntam a um grupo que tem um líder "energético, agressivo, mau, um tipo de *bully* clássico", elas "transformam-se temporariamente em cópias fiéis dos seus líderes". Há indícios de que a crueldade é uma doença infecciosa que se pode apanhar do chefe e esses indícios não se limitam apenas a estudos de laboratório. A Dra. Michelle Duffy acompanhou uma amostra de 177 trabalhadores de um hospital para observar os efeitos de chefes "moralmente desligados", que eram insensíveis em relação aos outros, e que desculpavam provocações, humilhações, e frieza para com os colegas. Duffy descobriu que, seis meses mais tarde, as pessoas que trabalhavam para um chefe desagradável muitas vezes também se tornavam imbecis. Duffy disse ao *New York Times*: "Este desligamento moral espalha-se como um germe". Estudos sobre contágio mostram também que quando as pessoas "apanham" dos outros expressões desagradáveis, tais como olhares de desdém ou de fúria, isso fá-las sentir-se mais irritadas e mais zangadas, apesar de não se aperceberem disso ou negarem que isso lhes está a acontecer. Por isso, ter por perto pessoas que *parecem* zangadas faz-nos *sentir* também zangados. Hatfield e os seus colegas terminam a investigação sobre contágio emocional com um provérbio de origem árabe: "Um homem sábio que se junta ao mau torna-se um idiota".

Uma multidão de idiotas é como um "vácuo de civismo", que suga a simpatia e os traços agradáveis de toda a gente onde entra e substitui-os por frieza e desprezo. Estes perigos estão reflectidos num conselho sábio que recebi do já falecido Bill Lazier, um executivo de sucesso que passou os últimos 20 anos da sua carreira a dar aulas de gestão e empreendedorismo em Stanford. Bill dizia que quando recebemos uma proposta de emprego ou nos juntamos a uma equipa, devemos olhar bem para as pessoas com quem é suposto virmos a trabalhar, e não apenas se estas têm ou não sucesso. Ele avisou que se os futuros colegas forem egoístas, desagradáveis, tacanhas, pouco éticos, ou se estiverem com excesso de trabalho e doentes, haverá poucas hipóteses de conseguir fazer deles melhores seres humanos ou de transformar o local de trabalho num lugar saudável, mesmo numa empresa muito pequena. Se se juntar a um grupo cheio de imbecis, o mais certo é que venha a apanhar a mesma doença de imbecilidade.

Aprendi esta lição, infelizmente, depois de me ter juntado a um grupo liderado por um reconhecido guru da área da gestão. Isto passou-se no auge da explosão das empresas.com, em Sillicon Valley, numa altura em que a arrogância, o egoísmo, e a crença tácita de que "se não conseguir ficar rico agora, então é porque não deve ser muito esperto" pululavam por toda a região. O nosso pequeno grupo encontrou-se vários domingos seguidos para falar sobre a criação de um *website* de estratégia empresarial. Nestas reuniões estavam presentes cerca de sete ou oito pessoas, mas o mau comportamento estava limitado a apenas quatro de nós – o guru, dois outros especialistas em gestão, e eu próprio. Cada um de nós competia para ocupar o lugar de líder. Também praticamente só nós é que falávamos; as mulheres e os homens mais novos que estavam presentes na reunião raramente diziam alguma coisa, e quando tentavam fazê-lo nós ignorávamo-los ou interrompíamo-los e voltávamos ao nosso jogo patético de competição pelo cargo.

Existia civismo entre nós, mas este raramente disfarçava as nossas tentativas enérgicas e agressivas para manter a nossa vantagem sobre os outros. Alegadamente, estávamos a ter ideias para a empresa (que nunca saíram do papel), e em vez disso passávamos as reuniões a exibir os nossos conhecimentos, a gabar as nossas realizações, e a utilizar as interrupções e a conversa rápida e contínua para lutar por tempo de antena. Um consultor de gestão que conheço descreve este tipo de reuniões como "observar macacos, no jardim zoológico, a atirarem fezes para afirmarem o seu domínio".

Isso resume bem aquilo que fizemos. No final de cada reunião eu sentia--me um idiota e esse sentimento era bem merecido. A minha mulher, Marina, comentou que cada vez que chegava a casa depois de uma reunião eu me comportava, também em casa, como um imbecil vaidoso e autoritário. Segundo ela, eu estava a sofrer dum caso grave de "intoxicação por testosterona". Acabei por cair em mim e apercebi-me de que, por outras palavras, tinha apanhado e ajudado a propagar uma epidemia de "intoxicação por idiotas". Por isso, saí do grupo.

Gosto de me considerar uma pessoa boa, com moral, e determinada, e imune a imitar as pessoas parvas e mal intencionadas que me rodeiam. Provavelmente, é também o seu caso. Infelizmente, as muitas provas e o conselho de Bill Lazier sugerem que a intoxicação por idiotas é uma doença contagiosa que qualquer um pode apanhar. Essa é a má notícia. A boa notícia é que não somos peões impotentes de um jogo, que mal nos encontramos atolados em idiotas estamos condenados a transformar-nos em clones cruéis e corrosivos.

Como evitar uma "intoxicação por idiotas"

Não se junte aos imbecis – Leonardo da Vinci acertou nisso

O conselho de Bill Lazier significa que deve procurar saber mais sobre um emprego antes de o aceitar. Descubra se está prestes a entrar num covil de idiotas e, se estiver, nem sequer ceda à tentação de se lhes juntar. Leonardo da Vinci disse que "é mais fácil resistir no princípio do que no fim", o que é psicologia social pura. Quanto mais uma pessoa dedica tempo e esforço a alguma coisa, não interessa o quão inútil, disfuncional, ou totalmente estúpida que seja, mais difícil é para ela desistir dessa coisa – quer seja um mau investimento, um relacionamento destrutivo, um emprego explorador, ou um local de trabalho cheio de intimidadores, *bullies* e pessoas desagradáveis.

Apesar de a maioria das pessoas ter a obrigação de saber que *sunk costs** não devem ser tomados em consideração numa tomada de decisão, o "síndroma de ter-investido-demasiado-para-desistir" é um poderoso indutor do comportamento humano. Justificamos todo o tempo, esforço, sofrimento e os anos e anos que dedicamos a alguma coisa dizendo, a nós próprios e aos outros, que essa coisa deve valer a pena e que deve haver algo de importante nela pois se assim não fosse nunca lhe teríamos dedicado uma parte tão grande das nossas vidas. E há nisso um perigo duplo: quanto mais tempo passamos atolados em pessoas desagradáveis, mais tendência temos para nos tornarmos iguais a elas.

Eu podia ter-me poupado a muitas chatices se tivesse seguido "a regra de da Vinci" antes de me ter juntado ao grupo liderado pelo guru de gestão. Eu sabia que ele era um imbecil arrogante e autoritário quando concordei em ir a estas reuniões, pois eu já estivera em reuniões anteriores com ele sobre projectos, reuniões onde eu apanhara uma "intoxicação por idiotas". No entanto, não me consegui controlar; a minha ganância por dinheiro e reputação subjugou a minha voz interior e que me dizia: "Vais comportar-te como um idiota se o fizeres". No final, eu acabei por tomar consciência disso. Pelo menos, retirei-me antes de ter investido muito tempo e esforço, e de ficar à mercê do "síndroma de ter-investido-demasiado-para-desistir".

Às vezes, "a regra de da Vinci" pode salvar-nos de um local de trabalho onde as pessoas nos enganaram nas entrevistas de trabalho e durante o processo de recrutamento, mas começam a mostrar-se como realmente são antes de aceitarmos o emprego. Vejamos o que aconteceu a uma amiga e colega minha. Chamemos-lhe "Andrea". Ofereceram-lhe o que parecia ser um emprego fantástico para trabalhar com um respeitado cientista. Quando o cientista estava a cortejá-la para aceitar o emprego para liderar um novo programa pioneiro, prometeu a Andrea que iriam trabalhar juntos e que lhe daria liberdade e respeito profissional. Ele adorara a sua experiência prévia em gestão de projectos semelhantes,

---

* **N. T.** *Sunk costs* são custos já incorridos e que não são possíveis de recuperar e, por isso, irrelevantes para a tomada de decisão. Em alguns casos, este termo é traduzido à letra como "custos afundados".

tratou-a com cordialidade, e foi absolutamente encantador. No entanto, o cientista mostrou a sua verdadeira face logo após Andrea ter aceite o cargo "de sonho", mas antes da data de início oficial. Ela estava tão entusiasmada com o seu novo emprego que começou a ir a reuniões com ele e os colegas. Nestas reuniões o cientista não a apresentou à equipa, interrompeu-a várias vezes, e desvalorizou as suas ideias. Apesar dela ter sido contratada para definir a estratégia, disseram-lhe: "Não deixe passar esta oportunidade profissional". Quando Andrea pediu para se reunir com o cientista para discutir as suas preocupações, ele não se dispôs a isso. Inteligentemente, Andrea desistiu do cargo.

A minha esposa, Marina, teve uma experiência semelhante há 20 anos, quando era ainda uma jovem advogada. Depois de ter aceite um emprego para trabalhar com um advogado de barra, Marina conheceu um jovem advogado dessa sociedade que lhe "revelou" que o famoso advogado era um idiota completo. Quando o advogado soube, pela empresa de recrutamento, que Marina mudara de ideias porque "era difícil trabalhar com ele", chamou-a para a repreender e criticar e pressionou-a a revelar quem fora a pessoa de dentro na empresa que o tinha "denunciado". Marina recusou-se a revelar a sua fonte, e o advogado tornou-se ainda mais hostil quando ela lhe disse, "o seu comportamento nesta conversa confirma as razões que estiveram por detrás da minha decisão".

Teria sido muito mais fácil para Andrea e para Marina se tivessem de antemão procurado saber mais sobre os empregos. No entanto, foram inteligentes em "abrir mão deles logo no início", pois pouparam-se a abusos, e evitaram ligar-se a um local de trabalho onde podiam apanhar uma "intoxicação por idiotas".

Vire costas – ou afaste-se o mais que puder

Nem sempre é possível saber como vai ser um lugar antes de se começar a trabalhar. As pessoas que nos recrutam podem ser falsamente encantadoras nas entrevistas (como o cientista foi com Andrea), utilizar uma técnica de "isco e troca" em que nos mandam, no recrutamento, pessoas simpáticas e depois de entrarmos na empresa nos põem num grupo detestável, ou o emprego pode envolver tanto *stress*, com tantas horas de trabalho, fortes pressões de tempo, ou clientes cruéis, que não conseguimos conter a nossa ansiedade e a nossa raiva. Mais uma vez, "a regra de da Vinci" funciona: fuja o mais depressa que puder.

A empregada de mesa Jessica Seaver mostra como isso pode ser feito em *Gig*, um livro fascinante constituído por uma compilação de mais de 120 entrevistas nas quais trabalhadores americanos falam sobre os seus empregos, e que foi publicado no ano 2000. Seaver relata que aprendeu a lidar com os clientes, "quando a atitude deles é tão má ou quando se acham muito importantes", a evitá-los, e na maior parte do tempo a conter a sua raiva. Mas Seaver atingiu o ponto de ruptura num bar barulhento e cheio de gente depois de ter trabalhado seis dias seguidos. Um bêbado pediu várias rodadas para os amigos, e nunca lhe deixou gorjeta. Depois de ter pedido mais uma rodada de *shots* de tequilha, Seaver "espalhou-lhe sal em cima da cabeça" e disse ao bêbado: "Sabe, se não me começar a dar gorjetas rapidamente, pode arrastar o cu até ao bar, porque eu já lhe vendi, pelo menos, cento e cinquenta dólares em bebidas, e tem-me andado a privar das gorjetas". Passado pouco tempo, Seaver foi trabalhar para um lugar "mais suave" onde o risco de intoxicação por idiotas era bastante menor.

O instinto de Jessica Seaver dizia-lhe para evitar aquele idiota, mas ela não podia, pois ele estava sentado mesmo no meio da área que devia servir. A atitude de Seaver mostra-nos uma táctica relacionada: se não pode ou não quer despedir- -se do seu emprego, faça tudo o que puder para limitar o seu contacto com as pessoas piores. Vá o menos possível a reuniões com idiotas conhecidos, responda a questões levantadas por eles o mais devagar e o menor número de vezes que puder, e quando não os puder evitar faça com que as reuniões sejam curtas. No capítulo 5 vou falar de tácticas de fuga também, pois estas são essenciais para sobreviver num local de trabalho corrosivo do qual não pode ou não quer sair. Mas esconder-se ou afastar-se também pode limitar o seu risco de apanhar e espalhar mau ambiente. Para isso, pode precisar de desaprender aquilo que todos nós aprendemos na escola primária: que "os meninos bons" não se levantam dos seus lugares e aguentam tudo, desde o tédio mais insuportável a professores cruéis.

Muitos de nós, em adultos, ainda não conseguimos livrar-nos dessa lição. Sentimo-nos colados às cadeiras em conversas e reuniões com pessoas desagradáveis.

Diz o autor Nick Hornby: "um dos únicos conselhos que tenho para dar às gerações mais novas é: PODEM IR-SE EMBORA." Hornby estava a referir-se a concertos e filmes aborrecidos, mas também sugere que é um bom conselho em qualquer ocasião – e, para mim, isso inclui situações em que nos sentimos rodeados por um grupo de idiotas.

Aviso: ver os colegas de trabalho como rivais e inimigos é um jogo perigoso

Como vimos no capítulo anterior, quando diferenças de posição social entre pessoas (e babuínos) no topo, meio, e base da hierarquia são evidenciadas e aumentadas, isso faz vir ao de cima o pior em todas as pessoas. Os líderes, quer sejam homens ou mulheres, transformam-se em imbecis insensíveis e egoístas e sujeitam os seus subordinados a abusos; pessoas que estão em pior situação relativamente a outras saem, sofrem danos psicológicos, e têm desempenhos de nível bastante inferior às suas capacidades reais. Muitas organizações amplificam estes problemas ao classificar e hierarquizar as pessoas constantemente, dando os despojos a algumas poucas estrelas, e tratando as outras como cidadãos de segunda e terceira classe. O resultado infeliz é que as pessoas que deviam ser amigas se tornam inimigas, agindo como imbecis cruéis que se descontrolam à medida que lutam para subir na hierarquia enquanto empurram os rivais para baixo.

No entanto, acreditar que a vida na organização é uma pura competição cruel é uma meia verdade perigosa. É, quase sempre, uma mistura de cooperação com competição, e as organizações que proíbem a competição interna exagerada não são apenas mais civilizadas, têm também um desempenho melhor, apesar dos mitos que existem na sociedade para se acreditar no contrário. E do ponto de vista pessoal, se associar o seu mérito próprio à possibilidade de se tornar o líder e de se manter no topo da hierarquia, está jogar um jogo que, em termos probabilísticos, irá certamente perder. As probabilidades estão contra si – de não vir a ser o melhor vendedor, jogador de basebol, ou tornar-se CEO – e mesmo que o venha a ser, vai acabar por perder a sua coroa. Ganhar é uma coisa maravilhosa se conseguir ajudar e respeitar os outros pelo caminho. Mas se pisar os outros à medida que sobe na hierarquia e os tratar como perdedores quando chegar ao topo, a minha opinião é que vai estar a corromper a sua própria humanidade e a prejudicar a sua equipa ou organização.

A investigação realizada sobre "enquadramento" (*framing*) por psicólogos sociais sugere alguns truques que pode utilizar para evitar ser um imbecil demasiado competitivo e para o ajudar a imunizar-se contra a intoxicação por idiotas. Os pressupostos e a linguagem que utilizamos, as lentes através das quais vemos o mundo, podem ter efeitos importantes na forma como tratamos os outros. Até mesmo diferenças aparentemente pequenas na linguagem que ouvimos e utilizamos podem ser determinantes para cooperarmos ou competirmos. Os investigadores de Stanford Alan Kay, Lee Ross e alguns colegas realizaram uma série de experiências em que puseram pares de estudantes a jogar um jogo em que eles podiam escolher cooperar e tratá-lo como um jogo em que ambos ganham (*win-win*) ou competir e tratá-lo como um jogo no qual "eu ganho e tu perdes".

Os jogos baseavam-se no clássico dilema do prisioneiro. Se as duas partes fossem sinceras e cooperassem, ambos eram bem recompensados e de forma igual. Se os dois fossem competitivos, então ambos acabavam mal, com um resultado baixo. Se uma pessoa competisse mas a outra cooperasse, então a pessoa competitiva ganhava com um resultado muito bom e a pessoa cooperante lixava-se, com um resultado muito baixo. As pessoas que não cooperam em situações de dilema do prisioneiro muitas vezes mentem, dizem ao colega que vão cooperar, mas acabam por voltar-se contra ele para ficarem com o bolo todo para si. As situações de dilema do prisioneiro foram utilizadas em milhares de experiências e simulações matemáticas, incluindo trabalho realizado por alguns galardoados com o Prémio Nobel.

Nas experiências realizadas por Kay e Ross, a única diferença entre os dois jogos foi que para metade dos jogadores era o "Jogo da Comunidade" (evocando imagens de destino partilhado e colaboração) e para a outra metade era o "Jogo de Wall-Street" (evocando imagens de um mundo de competição cruel). As pessoas que jogaram o "Jogo da Comunidade" foram muito mais cooperantes e francas relativamente às suas intenções do que aquelas que jogaram o "Jogo de Wall-Street". Estas descobertas foram mais tarde reproduzidas com cadetes da Academia da Força Aérea Americana, e experiências relacionadas mostram que quando as pessoas eram à partida expostas a, ou "iniciadas" com, palavras como "inimigo", "batalha", "sem consideração", "mau", "advogado" e "capitalista" tinham uma probabilidade muito menor de cooperar do que quando eram inicialmente expostas a palavras como "ajudou", "justo", "agradável", "mútuo", e "partilhar". Por isso, estas diferenças, aparentemente triviais, na linguagem tiveram efeitos profundos na forma como pessoas com boa vontade passaram a ser egoístas e desonestas.

As implicações de se enquadrar a vida como um jogo, puramente competitivo, podem ser observadas no conselho que James Halpin, antigo CEO da CompUSA, deu aos seus funcionários: "Os vossos colegas de trabalho são os vossos competidores" e "eu digo aos empregados para, no fim de cada dia, se perguntarem «O que é que eu fiz para me colocar acima dos meus colegas?» Se estes não conseguirem responder à pergunta, então desperdiçaram um dia". Halpin disse à *Academy of Management Executive* que pusera em acção esta filosofia em reuniões com os 20 gestores regionais desta cadeia de lojas. Halpin disse que traçou uma linha no centro da mesa: as dez pessoas com um desempenho melhor sentavam-se atrás da linha e as dez pessoas com pior desempenho sentavam-se em frente à linha, mais perto do lugar onde estavam os gestores de topo, "porque eles têm de ouvir tudo aquilo que temos para dizer". Estes gestores tinham também de usar placas de identificação com os valores das quebras (inventário perdido e roubado) das lojas que geriam. Halpin acreditava que a reacção aos números maus deveria ser: "Olha para o valor das quebras daquele tipo. É um valor péssimo em comparação com a média da empresa. Não me sento ao lado dele." Halpin nunca mencionou o quadro alternativo: quando as pessoas que fazem as coisas bem ajudam e aconselham aqueles que as fazem mal a organização como um todo pode sair beneficiada. Halpin acabou por ser obrigado a sair depois de a CompUSA ter apresentado problemas financeiros, mas este caso sempre me intrigou porque mostra que a forma como o mundo é enquadrado pode determinar o comportamento das pessoas. Halpin estava, de forma bastante intencional, a criar um mundo onde a competição cruel era esperada e vista como desejada.

A implicação que daqui se tira é que se quiser apaziguar o imbecil que há em si e evitar espalhar (e apanhar) este tipo de intoxicação por idiotas deve utilizar ideias e uma linguagem que enquadrem a vida de forma a fazer com que se concentre na cooperação. Considere três "enquadramentos cooperativos" que possa utilizar.

Em primeiro lugar, apesar de muitas situações exigirem um misto de competição e cooperação, tente concentrar-se nos aspectos que fazem as duas partes ganhar. Quando visito organizações e tento perceber o quão cooperativas ou competitivas as pessoas são, ouço atentamente as palavras que utilizam. Estou atento às palavras "nós" *versus* "eu" e "mim". Dou também bastante atenção à forma como falam sobre como vêem os outros grupos da organização – se eles ainda dizem "nós" ou se começam a dizer "nós" *versus* "eles". Estas parecem ser coisas triviais, mas tal como mostram Alan Kay e Lee Ross, pequenas diferenças na linguagem podem fazer um diagnóstico da situação.

Peter Drucker, o conhecido guru de gestão, pouco tempo antes de morrer fez uma análise dos seus 65 anos de carreira como consultor. Chegou à conclusão de que os grandes líderes podem ser ou "carismáticos ou entediantes", "visionários ou orientados para os números", mas que os gestores mais eficazes e inspiradores que ele tinha conhecido tinham todos algumas coisas em comum: pensavam e diziam "nós" em vez de "eu". Por isso, comece a prestar atenção às palavras utilizadas por si e pelos seus colegas. Grave algumas reuniões e depois oiça-as; se grande parte for sobre "mim, eu próprio, e eu", e "nós" *versus* "eles", então pode ser que esteja na altura de começar a mudar a forma como fala, e isso pode ajudar a controlar o imbecil que há em si.

Em segundo lugar, adopte um enquadramento que o obrigue a formas de ser que não façam de si melhor nem pior do que os outros. Não se concentre em todas as formas, pequenas ou grandes, de ser superior (que provocam arrogância ou opiniões negativas dos outros) ou inferior (que provocam inveja e hostilidade). Pense em todas as coisas em que os outros seres humanos são exactamente iguais a si, tais como a necessidade que todos temos de amor, consolo, felicidade, e respeito. Tomei consciência do poder deste enquadramento quando uma *designer* de armários chamada Wendy passou várias horas em minha casa a desenhar um novo sistema de roupeiro. Quando lhe perguntei pelo seu trabalho, ela respondeu-me que o factor crucial para se desenhar um bom armário e para ter interacções interessantes e respeitosas com os clientes era concentrar-se naquilo em que todas as pessoas são iguais. O *mantra* de Wendy era: "Somos todos iguais".

Wendy exemplificou o que queria dizer com uma comparação extrema. Ela explicou que nos tinha abordado, a mim e ao meu armário, exactamente da mesma forma que ao seu anterior cliente – um sadomasoquista que precisava de espaço para pendurar os chicotes e as correntes. Wendy ouviu aquilo que ele tinha para lhe dizer, mediu as coisas dele, e pensou naquilo de que ele precisava. E depois acrescentou que, na realidade, as minhas necessidades – e o meu armário – "não eram muito diferentes das dele" (apesar de eu não ter chicotes nem correntes), porque uma vez ultrapassadas as questões superficiais somos "todos iguais" na maior parte das coisas. Existem, claro, muitas formas de as pessoas serem diferentes. Há também muito boas razões para ficarmos contentes com a existência dessas diferenças e recompensarmos as pessoas com base nas suas diferentes aptidões e níveis de desempenho. No entanto, penso que a filosofia e o enquadramento de Wendy são construtivos, pois fazem-nos lembrar que somos todos humanos, e isso ajuda-nos a ver e a tratar os outros da mesma forma como gostaríamos de ser tratados.

Finalmente, se ler ou assistir a programas de televisão sobre negócios ou desporto vai ver, com regularidade, o mundo enquadrado como um lugar onde todas as pessoas querem "mais mais mais" para "mim mim mim", em todos os minutos e de todas as formas. Existe um velho ditado que resume bem isso: "Quem morrer com mais brinquedos ganha"*. A mensagem poderosa que muitas vezes fica por dizer é que fazemos todos parte de uma competição, à qual não podemos escapar e que dura a vida inteira, em que as pessoas nunca estão satisfeitas com aquilo que têm em termos de dinheiro, prestígio, vitórias, coisas boas, beleza, ou sexo, e que queremos, e deveríamos querer ter mais do que todos os outros.

---

* **N. T.** No original *"Whoever dies with the most toys wins"*.

Esta atitude estimula a busca por melhorias constantes que tem enormes vantagens, originando tudo, desde desempenhos artísticos e atléticos mais bonitos, a produtos mais funcionais e elegantes, remédios e procedimentos cirúrgicos melhores, organizações mais humanas e eficientes. No entanto, quando é levada longe demais esta mistura de insatisfação permanente, desejos insaciáveis e competição desenfreada pode prejudicar a nossa saúde mental. Pode levar-nos a tratar aqueles que estão "abaixo" de nós como criaturas inferiores que são merecedoras do nosso desdém, e as pessoas que estão acima de nós, que têm mais coisas e uma melhor posição social, como objectos de inveja e ressentimento.

Mais uma vez, um pouco de enquadramento pode ser útil. Diga a si próprio: "Tenho o suficiente". É verdade que algumas pessoas precisam de mais do que aquilo que têm, pois muita gente no mundo ainda precisa de um lugar seguro para viver, comida boa e suficiente para comer, para além de outras necessidades. Mas muitos de nós estamos constantemente insatisfeitos e sentimo-nos permanentemente negligenciados, apesar de, objectivamente, termos tudo aquilo de que precisamos para viver bem. Esta ideia surgiu-me através de um poema encantador que Kurt Vonnegut publicou na revista *The New Yorker* com o título "Joe Heller", que falava sobre o autor do conhecido romance sobre a Segunda Guerra Mundial, *Catch 22*. O poema descreve uma festa à qual Heller e Vonnegut compareceram na casa de um multimilionário. Heller faz um comentário a Vonnegut relativamente a este ter algo que o multimilionário nunca terá, "A noção de que tenho o suficiente". Estas palavras sábias fornecem um enquadramento que o pode ajudar a ficar em paz consigo mesmo e a tratar aqueles que o rodeiam com afecto e respeito:

Joe Heller
Uma história verdadeira, palavra de honra:

Joseph Heller,
um escritor divertido e importante
agora falecido,

e eu estávamos numa festa dada por um multimilionário
em Shelter Island.
Eu disse, "Joe, como é que te sentes por saber
que o nosso anfitrião só ontem
é capaz de ter ganho mais dinheiro
do que rendeu o teu romance "*Catch-22*"
em toda a sua história?"
E Joe disse, "Eu tenho uma coisa que ele nunca vai ter."
E eu disse, "E o que poderá ser, Joe?"
E Joe disse, "A noção de que tenho o suficiente."
Nada mal! Descanse em paz!"

– Kurt Vonnegut
The New Yorker, 16 de Maio de 2005
(reimpresso com a autorização de Kurt Vonnegut)

Veja-se como os outros o vêem a si

Tive o cuidado de definir os idiotas em termos dos efeitos que eles têm sobre os outros. Relembremos o primeiro dos dois testes de "detecção de idiotas" que apresentei no início do livro: *Depois de falarem com o alegado idiota, os seus "alvos" sentem-se oprimidos, humilhados, sem energia, ou menosprezados por essa pessoa? Em especial, sentem-se pior com eles mesmos?* Este teste significa que a opinião da própria pessoa é menos importante do que aquilo que os outros pensam relativamente ao facto de ser ou não um idiota. E centenas de estudos realizados por psicólogos mostram que quase todos os seres humanos passam a vida com uma noção distorcida, e por vezes exagerada, sobre a forma como tratam, afectam, e são vistos pelos outros. Se quiser encarar a verdade sobre si próprio ao invés de ficar mergulhado em ilusões para se proteger, tente comparar aquilo que acredita sobre si mesmo com a forma como os outros o vêem.

O trabalho sobre líderes realizado pelos profissionais de formação de executivos Kate Ludeman e Eddie Erlandson mostra como isto deve ser feito. Estes formadores salientam que os líderes também têm aspectos positivos, incluindo a capacidade de agir com determinação e gerar resultados, por isso não é justo rotulá-los apenas de idiotas. Como vimos, no entanto, há semelhanças evidentes. Ludeman e Erlandson descobriram que quando querem modificar o comportamento destrutivo de um líder, a primeira coisa que fazem é recolher informação sobre como ele é visto pelos seus superiores, pares e subordinados: para um cliente, recolheram 50 páginas de informação sobre as suas acções fornecida por 35 pessoas diferentes, e depois resumiram-nas num quadro do tamanho de uma página para o próprio visualizar. Ludeman e Erlandson dizem que apesar de por vezes tomarem uma atitude defensiva, muitos líderes ficam incapazes de argumentar contra provas tão impressionantes, e isso motiva-os a mudar.

Tal como estes formadores relataram à *Harvard Business Review*, entre os seus clientes famosos estão Michael Dell (fundador e presidente do conselho de administração da Dell Computers) e Kevin Rollins (CEO da Dell). Os subordinados de Michael Dell viam-no como uma pessoa distante, impaciente e que valorizava pouco os outros. As pessoas que trabalhavam com Kevin Rollins achavam-no demasiado crítico e opinativo, e um mau ouvinte, pois era muito rápido a dar a sua própria sugestão e a ignorar as ideias dos outros. Nem Dell nem Rollins faziam ideia do medo e da frustração que incutiam na empresa.

Com mérito próprio, os dois esforçaram-se bastante para modificar o seu comportamento negativo e actualmente monitorizam os seus progressos através de avaliações regulares pormenorizadas. Dell e Rollins também utilizaram o seu sentido de humor para os ajudar a conter o "imbecil que há neles". Rollins, por exemplo, comprou um animal de peluche, a que deu o nome de George, com o objectivo de o "lembrar de ser mais interessado e aberto relativamente às ideias dos outros". Também fizeram mudanças mais sistemáticas nos procedimentos da empresa, incluindo trabalhar com o departamento de recursos humanos para alterar o perfil ideal do director-geral da Dell, de forma a dar uma maior ênfase a ouvir as pessoas e tratá-las com respeito. E depois de Dell e Rollins terem passado a falar abertamente sobre os seus pontos fracos, isso "permitiu" que outros executivos de topo falassem da sua própria crueldade e insensibilidade, e permitiu que os colegas "lhes chamassem a atenção" no caso de se comportarem mal. Como disse um director-geral: "Depois de alguém revelar que, de tempos em tempos, lança uma bomba nas reuniões mas que faz tenções de parar, todos temos permissão para lhe chamar a atenção sobre isso. E fazêmo-lo."

Enfrente o seu passado

Eu concentrei-me na forma como as pessoas podem evitar apanhar e espalhar intoxicação por idiotas, independentemente dos seus demónios interiores específicos. Fi-lo porque demasiados conselhos sobre gestão de imbecis, *bullies*, e supervisores abusivos, incluindo conselhos sobre como estes se devem gerir a eles próprios, dão um peso muito grande à personalidade. E não dão importância suficiente ao facto de a intoxicação por idiotas ser algo que qualquer um pode apanhar. Apesar de se afirmar em alguns livros que "quem torto nasce, tarde ou nunca se endireita" e "uma vez idiota, sempre idiota", um conjunto sólido de investigações de psicologia mostra que, no melhor dos casos, a personalidade tem uma influência moderada sobre as acções das pessoas em diferentes situações. Também evitei concentrar-me demasiado nos traços pessoais porque, comparado com o tempo e o esforço necessários para mudar a personalidade de qualquer um, é mais vantajoso fazer (ou ensinar outros a fazer) coisas mais directas, tais como escolher o lugar onde vai trabalhar, sair de um sítio mau, evitar pessoas desagradáveis, mudar o seu "enquadramento", e "testar" como os outros nos vêem (e fazer os ajustamentos necessários em resultado disso). Esses passos não são simples de dar nem são fáceis. Mas são muito mais fáceis, e têm uma maior probabilidade de sucesso, do que transformar a personalidade com que se nasceu ou que se enraizou em nós na infância.

Isto não quer dizer que a personalidade não tenha importância. Os investigadores identificaram e classificaram milhares de características da personalidade. E centenas desses traços podem fazer com que uma pessoa tenha maior ou menor propensão para se comportar como um idiota. Os exemplos incluem ansiedade, agressão, domínio, estabilidade emocional, choque significativo, agressão passiva, comportamentos de tipo A, necessidade de controlo, tendência para neurose, narcisismo, paranóia, esquizofrenia, tolerância, confiança, cordialidade, etc. Neste livro é impossível arrastar o leitor pela "análise de tendência para a idiotice" de todos os tipos de personalidades conhecidas e de experiências de vida. Mas há uma grande lição a tirar, um velho ditado em psicologia que é suportado por muitos indícios: *O melhor previsor do comportamento futuro é o comportamento passado.* Esta verdade simples significa que enfrentar os seus erros passados, tal como fazem os alcoólicos e outros toxicodependentes em tratamento, pode ser uma forma poderosa de avaliar e começar a mudar a sua "tendência para a idiotice".

Pergunte a si mesmo se foi um *bully* na escola. Há centenas de estudos sobre *bullying* nas escolas, crianças que repetidamente oprimem e humilham os seus colegas. O investigador Dan Olweus realizou estudos especialmente rigorosos na Noruega, onde inquiriu mais de 130 000 estudantes e realizou estudos de acompanhamento a longo prazo sobre os *bullies* e as suas vítimas. A sua investigação mostra que cerca de sete por cento das crianças norueguesas são *bullies* e que cerca de nove por cento são vítimas. Esta investigação mostra, ainda, que é possível prever quais as crianças que se vão tornar *bullies*, tipicamente aquelas que foram criadas por pais insensíveis ou agressivos, aquelas cujos pais as deixam ficar impunes quando agridem, e as que têm um histórico de "temperamento irascível e activo" antes de começarem a ir para a escola. Não há investigação sistemática que mostre que os *bullies* no ambiente escolar se tornam *bullies* no local de trabalho, mas a investigação de Olweus mostra que essa crueldade persiste na idade adulta, já que cerca de 60 por cento dos rapazes que foram identificados como *bullies* do 6º ao 9º ano foram condenados por pelo menos um crime até aos 24 anos de idade (comparado com apenas 10 por cento dos rapazes que não eram *bullies*). Estas conclusões são tão poderosas que não é irrazoável pressupor que, se foi um *bully* na escola, tem uma maior tendência para insultar, provocar, ameaçar e até mesmo provocar danos físicos aos seus colegas de trabalho.

Enfrentar os factos do seu comportamento passado pode ajudá-lo a avaliar o seu "risco" de se vir a comportar como um idiota no futuro. Mas existem também

Sobreviver nas empresas

investigações intrigantes que sugerem que a cultura na qual foi criado pode aumentar o seu risco, especialmente se tiver crescido numa vizinhança, região, ou país agressivo ou com tendência para a violência. Para exemplificar, consideremos alguém que foi criado naquilo a que os antropólogos chamam "cultura de honra" – uma região ou grupo "onde mesmo pequenas disputas se tornam competições por reputação e posição social". As investigações antropológicas mostram que estas são culturas nas quais os homens ganham e mantêm posição social por serem conhecidos como pessoas que "não se deixam intimidar" e que "não admitem faltas de respeito". Os exemplos americanos incluem a figura do *cowboy* do Oeste e do Sul dos Estados Unidos. Estes foram, em tempos, locais instáveis e ingovernáveis, onde a aplicação da lei era, em muitos casos, inexistente, e onde a saúde e a posição social de uma pessoa podiam facilmente ser usurpadas por outros, e apesar desta situação ter mudado em muitas partes do Oeste e do Sul, a cultura de honra ainda persiste até aos dias de hoje. As pessoas criadas nestas culturas são particularmente educadas e atenciosas na maior parte das interacções, em parte porque querem evitar ameaçar a honra dos outros (e a luta que isso provoca), mesmo muito tempo depois de se terem mudado para outra zona do país. Uma vez ofendidos, os homens criados nestes lugares sentem-se muitas vezes obrigados a contra-atacar e a proteger aquilo que é seu, especialmente o seu direito de serem tratados com respeito e "honra".

Algumas pesquisas intrigantes publicadas no *Journal of Personality and Social Psychology* por Dov Cohen e pelos seus colegas mostram que para os homens criados no Sul dos Estados Unidos a cultura de honra continua a ter efeitos fortes e mensuráveis, mesmo depois destes terem mudado para o Norte dos Estados Unidos. Neste estudo, de 1996, da Universidade do Michigan, os indivíduos (metade sulistas e metade nortistas) passavam por um actor que "por acaso" ia contra eles e lhes chamava "idiotas". Houve grandes diferenças na forma de reagir dos sulistas e dos nortistas: 65 por cento dos nortistas acharam o encontrão e o insulto engraçados e só 35 por cento é que se zangaram; apenas 15 por cento dos sulistas insultados acharam a situação engraçada e 85 por cento zangaram-se. Para além disso, um segundo estudo mostrou que os sulistas tinham reacções fisiológicas fortes ao encontrão, em especial aumentos substanciais de cortisol (hormona associada a elevados níveis de *stress* e ansiedade) e também alguns sinais de aumento dos níveis de testosterona. Já os nortistas não apresentaram sinais de reacção fisiológica, nem ao encontrão nem ao insulto.

A lição a tirar destas experiências, em conjunto com muitos outros estudos, é que se for criado como sulista, ou talvez como *cowboy*, provavelmente vai ser mais educado do que os seus colegas na maior parte das vezes, mas se por acaso encontrar um idiota, nem que seja apenas ligeiramente insultuoso, tem tendência para contra-atacar e correr o risco de iniciar todo um ciclo de intoxicação por idiotas.

A conclusão: idiota, conhece-te a ti mesmo

Dave Sanford acabou o curso em Stanford em 2006. Dave é um dos meus alunos preferidos de sempre, em parte porque tem um óptimo conhecimento de si próprio (também é brilhante e encantador). Quando lhe falei sobre este livro, ele contou-me que no seu primeiro ano de caloiro em Stanford, alguns dos seus colegas achavam que ele era um imbecil porque não estavam habituados ao seu sentido de humor, em especial à sua tendência para fazer um ar completamente sério mesmo quando estava a brincar. Dave fez um esforço grande para perceber como é que as outras pessoas o viam e para deixar de fazer coisas que levavam as pessoas que não o conheciam bem a rotulá-lo, erradamente, de imbecil. Mostrou-me um pequeno crachá (ver a figura) que o irmão lhe deu para ajudá-lo na sua luta: "O PRIMEIRO PASSO É ADMITIR QUE ÉS UM IDIOTA". Este crachá capta o essencial daquilo que é tratado neste capítulo: para impedir que o imbecil que há em si se manifeste precisa de estar ciente de quais os lugares e as pessoas que o vão transformar num idiota. Tem de ter consciência de que ver a vida como uma competição amarga, em que o vencedor leva tudo, pode transformá-lo, num instante, num imbecil, e de ter a noção de como os outros nos vêem mesmo que isso não reflicta as suas verdadeiras intenções (tal como Dave, pode aprender a fazer as pessoas pararem de o rotularem de imbecil). A conclusão é: *para evitar comportar-se ou tornar-se um idiota conhecido, conheça-se a si mesmo.*

Ao longo dos anos tenho sido treinador de desporto de miúdos. Gostaria de ter um destes crachás para distribuir aos pais desagradáveis que fazem, em voz alta, críticas muito pouco apropriadas, que insultam e dão conselhos indesejados de fora das quatros linhas, que perturbam as crianças e transformam o jogo numa experiência horrível para todas as partes envolvidas. Na pior das hipóteses, estes pais dominadores contam-se entre os idiotas mais doidos e com menos falta de noção que alguma vez conheci. O ano passado fui treinador-adjunto de futebol de uma equipa de meninas de nove anos. Deu-se um episódio muito chato quando um dos "nossos" pais ficou tão perturbado com a decisão do árbitro que, a meio do jogo, entrou em campo para repreender severamente o árbitro. Quando lhe pedi para se retirar do campo, dizendo que ele estava a violar a letra e o espírito das regras da liga, ele enfureceu-se – ficou com as veias a latejar e começou a olhar para mim com um ar irritado e a insultar-me – de tal forma que pensei que ele me ia dar um murro.

Relembrando este incidente e outros do género, e tendo por base as actuais regras de futebol relativamente à conduta pouco desportiva por parte dos jogadores, talvez as regras do desporto juvenil devessem ser alteradas de forma a que os árbitros pudessem mostrar, por exemplo, um "cartão amarelo" para afastar um pai ou uma mãe desagradável das linhas de campo do jogo por 10 minutos e mostrar um "cartão vermelho" para expulsar, até ao fim do jogo, pais com uma atitude sistemática ou excessivamente vergonhosa. Talvez tanto a mensagem como a humilhação pública pudessem ajudar alguns destes pais a ter a tão necessária consciência de si próprios, e a livrar os jogos das crianças destes maus exemplos.

Já falei sobre formas de atingir esse tipo de autoconhecimento e autocontrolo, e argumentei que é necessário olharmos para as pessoas à nossa volta e para o nosso passado para avaliarmos, e talvez reduzirmos o risco, de espalharmos e apanharmos este tipo de intoxicação. Também podemos utilizar uma abordagem mais directa de autoconhecimento através da realização de uma auditoria à nossa idiotice pessoal.

Se está interessado em informação em tempo real, veja o dispositivo inventado por Anmol Madan e os seus colegas do laboratório de *media* do MIT. A engenhoca chama-se "medidor de imbecis" e as pessoas podem utilizá-la como um "detector de idiotas" para as ajudar a perceber quando é que estão a ser desagradáveis ou insensíveis. O medidor de imbecis liga-se ao telefone e utiliza a análise electrónica do discurso para fornecer um *feedback* instantâneo à pessoa que está a falar sobre vários factores, incluindo *stress*, empatia, e "factor geral de imbecilidade". Os investigadores do MIT afirmam: "Os modelos matemáticos do medidor de imbecis foram construídos com base em vários estudos de investigação do laboratório de m*edia*. Estes estudos avaliaram o modo como a forma de falar de uma pessoa podia reflectir o seu interesse numa conversa, em ir sair com uma pessoa, ou talvez mesmo em comprar determinado produto. Os nossos resultados mostram que a forma de falar de uma pessoa e o seu "tom de voz" podem prever resultados objectivos (por exemplo, o interesse numa conversa ou em ir sair com alguém) com 75 por cento a 85 por cento de precisão".

Eu gosto do medidor de imbecis, pois ele mede a forma como as pessoas estão a agir *nesse momento*. Afinal de contas, uma das principais ideias deste livro é que a "regra idiotas não" não faz sentido – independentemente do que se diga, das políticas definidas, e da melhor das intenções – se não tratar a pessoa que está *mesmo à sua frente, neste momento, da forma correcta*.

O "medidor de imbecis" do MIT

Infelizmente, o medidor de imbecis ainda não está disponível nas lojas. E mesmo que algum dia venha a estar não mede tudo aquilo que fazemos (apenas o tom da voz) e não avalia a forma como os outros reagem a nós. Por isso desenvolvi também um pequeno teste para o ajudar a descobrir se é ou não um idiota certificado. O teste foi inspirado pelas investigações e ideias expostas neste livro, apesar de não ter sido validado por estudos científicos rigorosos. Mas pode vir a ser uma ferramenta útil para fazer uma auditoria à sua idiotice pessoal.

Comece por responder às 24 perguntas, de resposta verdadeiro ou falso, sobre as suas reacções sinceras em relação às pessoas, como é que trata os outros, e como é que os outros reagem a si. Tenha em consideração que este é apenas um teste improvisado, mas vale a pena gastar algum tempo para ver qual o seu resultado. Pode ter uma surpresa!

Se quiser obter indícios ainda mais fortes, siga o exemplo dos executivos da Dell e descubra o que é que os outros pensam de si. Pegue na lista de perguntas e ponha o seu nome. Assim, se o seu nome for Chris, a primeira afirmação deveria ser "Chris sente-se rodeado de idiotas incompetentes – e não consegue evitar dizer-lhes a verdade de vez em quando". No caso de não conseguir garantir o anonimato das pessoas que respondem ao questionário, tenha o cuidado de desconfiar se estas não o classificaram como idiota. Se é um imbecil reconhecido, elas vão ter medo da sua raiva e da sua vingança. Se a sua auditoria for bem feita, e todos os sinais indicarem que tem tendência para se comportar como um imbecil, veja outra vez as ideias expostas neste capítulo. E lembre-se que só pelo facto de ser um idiota e de ter a coragem de o admitir, isso não significa que esteja qualificado para se ajudar a si mesmo, a outros colegas desagradáveis, ou a sua organização a erradicar este problema. O meu filho Tyler gosta de dizer que, "só porque se sofre de um mal, não significa que se seja um especialista nisso."

Este capítulo e o anterior, vistos em conjunto, fornecem uma sequência de ideias especialmente poderosa que o pode ajudar a aplicar a "regra idiotas não". Se gerir a sua organização para que a "regra idiotas não" predomine, e se se gerir a si próprio de forma a evitar apanhar e disseminar uma intoxicação por idiotas, isso estimula um ciclo virtuoso que pode ajudar a manter um local de trabalho civilizado. Infelizmente, na vida as coisas nem sempre correm assim tão bem. Às vezes as pessoas não conseguem evitar aceitar um emprego na Terra dos Imbecis, ou então, quando aceitam, ficam encurraladas (ou sentem-se encurraladas). O próximo capítulo dá ideias sobre como sobreviver num lugar onde cada dia de trabalho se parece com um passeio pela Avenida dos Idiotas.

Sobreviver nas empresas

Teste: você é um Idiota Certificado?
Sinais de que o imbecil que há em si anda à espreita

Instruções: Indique se cada afirmação é uma descrição verdadeira (V) ou falsa (F) dos seus sentimentos e interacções típicas com as pessoas no seu local de trabalho.

Quais são as suas reacções sinceras em relação às pessoas?

____ 1. Sente-se rodeado de idiotas incompetentes – e não consegue evitar dizer-lhes a verdade de vez em quando.

____ 2. Você era uma pessoa agradável até ter começado a trabalhar com o grupo de pessoas detestáveis com quem trabalha actualmente.

____ 3. Não confia nas pessoas à sua volta e elas não confiam em si.

____ 4. Vê os seus colegas de trabalho como competidores.

____ 5. Acredita que uma das melhores formas de subir na "hierarquia organizacional" é passar por cima dos outros ou afastá-los para longe.

____ 6. Gosta, em segredo, de ver os outros sofrer e agonizar.

____ 7. Tem muitas vezes inveja dos seus colegas, e tem dificuldade em ficar genuinamente contente por eles quando estes se saem bem.

____ 8. Tem uma lista pequena de amigos próximos e uma longa lista de inimigos, e tem orgulho das duas listas em pé de igualdade.

Como é que trata as outras pessoas?

____ 9. Às vezes não consegue conter o seu desprezo relativamente aos perdedores e aos imbecis do seu local de trabalho.

___ 10. Acha útil fazer olhares furiosos, insultar, e mesmo, de vez em quando, gritar a alguns dos idiotas do seu local de trabalho – de outra forma, eles parecem não se emendar.

___ 11. Fica com os louros em relação às realizações da sua equipa – porque não? Sem si, eles não iam a lado nenhum.

___ 12. Gosta de fazer comentários "inocentes" nas reuniões sem nenhum objectivo para além de humilhar ou deixar desconfortável a pessoa a quem estes se dirigem.

___ 13. É rápido a apontar o dedo aos erros dos outros.

___ 14. Você não erra. Quando alguma coisa corre mal encontra sempre um idiota em quem pôr as culpas.

___ 15. Interrompe constantemente as pessoas porque, afinal, aquilo que você tem a dizer é mais importante.

___ 16. Está constantemente a dar graxa ao seu chefe e a outras pessoas poderosas, e espera que os seus subordinados façam o mesmo consigo.

___ 17. As suas piadas e provocações podem, por vezes, tornar-se desagradáveis, mas tem de admitir que se diverte muito com isso.

___ 18. Gosta muito da sua equipa e esta gosta de si, mas estão em clima de guerra constante com o resto da organização. Você trata mal todas as outras pessoas porque, no final das contas, se estas não estão na sua equipa, é porque ou não interessam ou são o inimigo.

Como é que as pessoas reagem a si?

___ 19. Percebe que as pessoas evitam olhá-lo nos olhos quando falam consigo, e que muitas vezes ficam muito nervosas.

___ 20. Tem a sensação que as pessoas têm sempre muito cuidado com o que dizem quando está por perto.

_____ 21. As pessoas reagem aos seus *e-mails* de forma hostil, e a situação muitas vezes piora acabando em guerra aberta com esses imbecis.

_____ 22. As pessoas têm relutância em dar-lhe informações pessoais.

_____ 23. As pessoas parecem deixar de se divertir quando você aparece.

_____ 24. As pessoas parecem ter vontade de se ir embora assim que você chega.

Resultado do teste: some o número vezes em que respondeu "verdadeiro" às afirmações. Este teste não está validado cientificamente, mas na minha opinião:

0 a 5 "verdadeiro": não parece ser um idiota certificado, a não ser que se esteja a enganar a si próprio.

5 a 15 "verdadeiro": parece estar na fronteira de ser um idiota certificado, talvez tenha chegado a hora de começar a modificar o seu comportamento antes que este se torne pior.

15 ou mais "verdadeiro": parece ser um completo idiota certificado, procure ajuda imediatamente. Mas, por favor, não me peça ajuda a mim, porque eu prefiro não o conhecer.

Capítulo 5

Quando os idiotas reinam: dicas para sobreviver em locais de trabalho e a pessoas desagradáveis

MILHÕES DE PESSOAS SENTEM-SE ENCURRALADAS em locais onde prevalece a regra "pró idiotas" em vez de "idiotas não".

As investigadoras Charlotte Rayner e Loraleigh Keashly estimam que 25 por cento das vítimas e 20 por cento das testemunhas de *bullying* largam os seus empregos, quando a taxa normal é de cerca de 5 por cento. Mas estes números mostram, também, que a maior parte dos afectados fica de braços cruzados e atura os abusos. Há muitas pessoas que não conseguem sair de locais de trabalho desagradáveis por razões financeiras, e que não têm forma de escapar para outro emprego, pelo menos para um tão bem pago. Até mesmo bons empregos em lugares civilizados envolvem trabalhar com pessoas desagradáveis, especialmente em empresas de serviços. As hospedeiras e comissários de bordo da JetBlue, os caixas da 7/Eleven, as pessoas que servem café na Starbucks, os funcionários da Disneyland, os professores das faculdades de gestão, e os consultores da McKinsey, todos me disseram que por vezes têm de aturar abusos por parte de clientes cruéis.

Por outro lado, mesmo pessoas que façam planos para escapar a um local de trabalho perverso podem escolher suportar meses ou anos de abusos antes de se irem embora. Um leitor da *Harvard Business Review* escreveu-me a dizer que a sua empresa de *software* tinha "na direcção imbecis que apoucavam os seus funcionários" e que os faziam sentir-se "desvalorizados", por isso os melhores programadores estavam sempre a ir-se embora, embora só o fizessem depois de terem arranjado outro emprego. As pessoas também podem aturar abusos durante algum tempo se se comprometeram a terminar um projecto, e se estão à espera de receber o seu bónus anual, de obter um número maior de *stock options** ou a reforma. No entanto, quer estas tenham de estar pouco ou muito tempo no meio de um grupo cheio de idiotas, existem formas de tirar o melhor partido possível dessa situação desagradável.

Veja-se a estratégia utilizada por uma executiva de Sillicon Valley para sobreviver aos seus colegas maldosos. Vamos chamar-lhe "Ruth", para proteger tanto os inocentes como os culpados. No início da sua carreira, Ruth viu-se envolvida numa batalha política desagradável com "uns quantos idiotas" que repetidamente a apoucavam, interrompiam, e lhe lançavam olhares furiosos nas reuniões. Estavam sempre a criticar o que ela fazia e a pôr de lado as suas soluções, apesar de não apresentarem, por seu turno, muitas ideias construtivas. Propuseram soluções difíceis (tais como despedir pessoas com um mau desempenho) e depois faltou-lhes a coragem para implementá-las, deixando-lhe a tarefa desagradável.

Estes pesos pesados pomposos também diziam a Ruth para tomar medidas e depois criticavam-na por ter feito *exactamente* aquilo que lhe tinham dito para fazer. Ruth tentou defender-se mas foi derrotada. Apesar de ter sobrevivido e ter mantido o seu cargo, ela viu a sua confiança minada e ficou exausta, física e emocionalmente. Perdeu peso e ficou com dificuldades em dormir durante vários meses depois dos abusos às mãos desses imbecis.

---

* **N. T.** Opções de compra de acções da empresa. Estas constituem uma forma de remuneração para os funcionários.

Três anos mais tarde, ressurgiu uma dinâmica parecida, mais uma vez com as mesmas pessoas detestáveis a utilizarem os mesmos truques baixos. Desta vez, Ruth ficou de olhos bem abertos, determinada a passar por aquilo tudo sem que eles a "afectassem". A estratégia de Ruth para lidar com a situação foi inspirada por um conselho que um guia de *rafting* lhe dera na adolescência: se cair borda fora nos rápidos, não tente lutar contra eles – confie no colete salva-vidas e flutue com os pés para a frente. Dessa forma, se for atirada de encontro às rochas, pode usar os pés para se afastar, protege a cabeça, e conserva a energia. E aconteceu mesmo que Ruth caiu borda fora, num trecho do American River, na Califórnia, conhecido como a Fossa de Satanás. O conselho do guia funcionou na perfeição: depois de uma viagem extraordinária pelos rápidos, com os pés para a frente, Ruth chegou a um trecho calmo do rio e nadou até ao barco, que estava à espera dela junto a uma praia pacífica.

Ruth lembrou-se desta estratégia quando estava encurralada num tipo diferente de fossa, uma reunião – a primeira de várias – em que ela e alguns outros foram sujeitos a ataques pessoais, olhares desagradáveis, e repreensões excessivas. A doença contagiosa dos idiotas espalhou-se como um incêndio e infectou até mesmo pessoas que eram normalmente educadas e sensíveis. Ruth esticou as pernas para a frente debaixo da mesa e foi então que lhe veio à cabeça a imagem do *rafting* no rio. Ela disse para si mesma: "Acabei de ser atirada borda fora por estes idiotas" e depois percebeu: "Eu sei como sobreviver".

Em vez de se ver a si mesma como uma vítima, Ruth começou a sentir-se forte. Percebeu que se não entrasse em pânico, e apenas "flutuasse com os pés para a frente", sairia ilesa de toda aquela confusão e com a energia intacta para enfrentar toda e qualquer coisa que lhe aparecesse pela frente. E foi exactamente isso que aconteceu. Depois da reunião, ela partilhou a estratégia com um colega executivo que também estava a ser difamado e a ser alvo de *bullying* – a estratégia também funcionou para ele. Os dois acreditavam que a estratégia era eficaz porque em vez de se sentirem uns fracos por flutuarem juntos, parecia que estavam a fazer uma escolha, a de rechaçar os empecilhos que aqueles imbecis lançavam no seu caminho. Isto fê-los sentir que dominavam a situação e regularmente enviavam lembretes um ao outro, para "ficarem com os pés preparados".

Os dois conseguiram superar toda aquela provação com a sua energia e confiança intactas. Em vez de se baixarem para apanhar e atirar de volta o veneno espalhado por aquelas pessoas detestáveis, mantiveram-se calmos e ajudaram outros a sobreviver também. Descobriram formas subtis de afastar os idiotas mais tóxicos, de expor os danos que estes tinham provocado às suas vítimas e à empresa. E saíram de toda aquela provação com a energia e a confiança necessárias para procurar emprego noutro lado.

A "Estratégia da Fossa de Satanás" de Ruth contém dois ingredientes essenciais que ajudam as pessoas a manter intactas a sua saúde física e mental, e a fazer o seu trabalho, apesar de estarem rodeadas de um bando de *bullies* selvagens. Em primeiro lugar, Ruth aprendeu a *reenquadrar* a crueldade que enfrentava, de forma a conseguir afastar-se emocionalmente dos idiotas e ser mesmo completamente indiferente àquilo que estava a acontecer. Em segundo lugar, Ruth não lutou contra forças maiores que não conseguia controlar. Em vez disso, concentrou-se nas pequenas formas de ganhar pedacinhos de controlo, incluindo ajudar as outras vítimas a lidar com os imbecis, ensinando-lhes a sua estratégia, e dando-lhes apoio emocional, e a concentrar a sua energia em ajudar as pessoas boas da organização. Ruth também escolheu pequenas batalhas que podia vencer, e deu pequenos passos no sentido de debilitar os piores dos seus atormentadores. Em vez de entrar em grandes batalhas que estava destinada a perder e que a deixariam exausta e humilhada, tal como acontecera da primeira vez, desta vez Ruth foi suficientemente esperta para procurar pequenas vitórias que sustentassem a sua confiança e a sua sensação de controlo.

Reenquadramento: mude a forma como vê as coisas

Os psicólogos descobriram que quando não se consegue fugir da origem do *stress*, se mudarmos a forma como vemos aquilo que nos está a acontecer, ou o "reenquadrarmos", isso pode ajudar a diminuir os danos que nos são causados. Alguns truques de reenquadramento úteis incluem evitar a auto-recriminação, esperar pelo melhor mas contar com o pior, e a minha preferida – desenvolver uma atitude de indiferença e de desapego emocional. Aprender quando e como pura e simplesmente não nos importarmos não é o tipo de conselho que costuma ouvir nos livros de gestão, mas pode ajudá-lo a tirar o melhor partido de uma situação má.

A investigação de Martin Seligman sobre "optimismo aprendido" mostra que quando as pessoas vêem as dificuldades como *temporárias* e *como não sendo de culpa sua*, e como algo que não vai invadir e arruinar o resto das suas vidas, este "enquadramento" protege a sua saúde mental e a saúde física, e aumenta a capacidade de recuperação. Noreen Tehrani é uma psicóloga especialista na área de aconselhamento, no Reino Unido, com vasta experiência em lidar com vítimas de *bullying* no local de trabalho. Tehrani diz que quando interroga as vítimas, os pensamentos "irracionais" mais comuns incluem "eu nunca vou conseguir ultrapassar isto", "devo ter feito alguma coisa de mal para que isto me esteja a acontecer", e "todos me odeiam".

Tehrani utiliza a "terapia comportamental cognitiva" (baseada no trabalho de Seligman) para ajudar as vítimas a visualizarem essas crenças irracionais como "hipóteses e não como factos", e a desenvolverem um enquadramento diferente, e mais optimista, para interpretar as suas experiências com *bullies*. A estratégia que Ruth utilizou para lidar com a situação apresenta elementos da abordagem de Tehrani. Pense nas diferenças entre a forma como Ruth enquadrou a sua experiência com os idiotas da primeira e da segunda vez que passou pelas provações. Ruth salientou que, "da segunda vez, apercebi-me que não tinha culpa e decidi que não me ia recriminar." E a sua "Estratégia da Fossa de Satanás" ajudou-a a enquadrar os seus encontros com o grupo de idiotas como parte de uma provação temporária que ela iria ultrapassar e da qual iria sair "inteira".

A Disney utiliza uma estratégia parecida para ensinar os seus funcionários (chamados "membros do elenco") a lidar com clientes furiosos nos seus parques temáticos. O toque que acrescentam é que os formadores ensinam os novos membros do elenco a evitar atribuir-se as culpas a si mesmos ou a clientes abusivos. Há alguns anos, uma antiga aluna minha tirou muitos apontamentos nas suas aulas de orientação para novos funcionários na Universidade da Disney. Os seus professores salientaram que, apesar de

99 por cento dos clientes serem agradáveis, o verdadeiro teste era quando se estava rodeado por uma família de oito pessoas furiosas a gritar por causa de todas as coisas que lhes tinham corrido mal. Os novos membros do elenco foram instruídos a evitar zangarem-se com, ou a culparem, os clientes desagradáveis. Pediram-lhes que imaginassem todas as más experiências pelas quais os membros da família tinham passado e que os tinham levado a ficar naquele estado de hostilidade (por exemplo, imaginar que o carro deles avariou ou que ficaram encharcados por terem apanhado chuva) e para não encararem de forma pessoal a raiva deles (uma vez que a culpa não é sua).

Também foi lembrado aos membros do elenco que deveriam encarar os abusos como algo que não iria durar muito (porque a maior parte dos outros clientes são agradáveis), e que isso não era razão para "ficarem com o dia estragado" porque se "eles simplesmente continuassem a sorrir" e "a tratar as pessoas como VIP", isso geraria interacções amigáveis com os outros clientes, e poderia mesmo transformar a família que lhes estava a gritar nesse momento em pessoas mais agradáveis. A percentagem de pessoas cruéis na empresa de Ruth era superior à do parque temático da Disney, mas o estilo "optimista" que ela adoptou tem muito em comum com a forma como os membros do elenco da Disney enquadram os episódios com clientes difíceis.

Espere pelo melhor, conte com o pior

Tal como mostram a investigação de Seligman e a experiência de Ruth, enquadrar encontros desagradáveis à luz do optimismo pode ajudá-lo a manter a sua saúde física e mental. No entanto, em especial se estiver sujeito a pessoas mal intencionadas por um período de tempo longo, o optimismo desenfreado pode ser perigoso para a sua alma e para a sua auto-estima. A esperança inabalável de que todos esses imbecis crónicos se vão transformar em pessoas agradáveis é a receita para se ter com certeza uma série de desilusões. Se acreditar que, um belo dia, todos esses idiotas lhe irão repentinamente pedir desculpa, começar a implorar o seu perdão, ou pelo menos começar a tratá-lo com respeito, está-se a pôr-se a jeito para a decepção e a frustração.

Os psicólogos que estudam as emoções sugerem que a felicidade reflecte a diferença entre aquilo que se espera e aquilo que, na realidade, se consegue obter na vida – por isso, se está sempre à espera que lhe aconteçam coisas boas, mas estas nunca acontecem ou modificam-se para pior, será sempre infeliz. O truque é, como vimos no exemplo de Ruth, não esperar que os imbecis mudem o seu comportamento. Tenha expectativas baixas relativamente ao seu comportamento, mas continue a acreditar que vai ficar bem depois de terminada a provação. Assim, não ficará surpreendido nem aborrecido pela crueldade contínua dos seus colegas. Para além disso, mesmo que se mostrem gentis consigo em momentos inesperados, pode aproveitar a surpresa agradável sem ficar desapontado quando eles voltarem a ser mal intencionados.

A eficácia (e os perigos) de baixar as suas expectativas e aceitar que o seu chefe seja um imbecil abusivo são exemplificados numa entrevista do livro *Gig* com um assistente de desenvolvimento de filmagem identificado como "Jerrold Thomas". O seu trabalho era ler e avaliar guiões (e fazer tudo e mais alguma coisa que fosse preciso) para um produtor de Hollywood de temperamento difícil, a quem chamaram, na entrevista, "Brad". Brad esperava que Jerrold estivesse no trabalho desde as 6h30 até às 23h00, muitas vezes ligava-lhe às 3h00 com tarefas adicionais, e tinha um ataque de fúria quando o atendedor de chamadas (em vez de Jerrold) atendia os telefonemas. Na entrevista do livro *Gig* a Jerrold, este dizia que o emprego era "um *stress* constante" e que Brad "fazia *bullying* com ele e lhe chamava estúpido e outras coisas". Uma vez, Jerrold interrompeu uma "reunião à porta fechada" com um realizador de cinema (para entregar um maço de cigarros que Brad lhe tinha mandado ir comprar para o realizador). Brad ficou tão furioso que saiu da sala e começou a "estrangular-me" e a gritar "És estúpido?" Quando Jerrold explicou que estava apenas a cumprir as ordens que Brad lhe tinha dado, este reagiu "batendo-me com os punhos".

Uma forma que Jerrold utilizou para sobreviver a estes abusos foi baixar as suas expectativas. Ele disse: "Eu percebo. Quer dizer, é claro que gostava que Brad fosse um pouco mais simpático com os seus subordinados e que não gritasse. Mas também percebo que esse desejo não é realista, porque está muito dinheiro em jogo para que toda a gente se possa comportar como uns santinhos."

Jerrold também aturou os insultos ao acolher de bom grado os momentos em que Brad era simpático com ele e mostrava respeito pela sua opinião, e Jerrold olhava para o futuro, para aquilo que podia vir a ganhar se sobrevivesse a toda aquela provação. Jerrold esperava que Brad o ajudasse, no futuro, a conseguir os seus próprios negócios lucrativos. Jerrold também admitia que podia vir a não ter sucesso, e dizia meio a brincar, "Provavelmente, vou ficar por aqui até ter algum tipo de esgotamento".

A história de Jerrold mostra que ter baixas expectativas relativamente a um chefe idiota, concentrando-se nas coisas boas, e sendo optimista relativamente à forma como tudo vai acabar, pode ajudar uma pessoa a suportar uma situação horrível. Para o melhor e para o pior, isso ajudou-o a suportar uma situação péssima que as pessoas mais sensatas antes dele *tinham* abandonado – Brad tivera dez assistentes em quatro meses antes de Jerrold ter chegado.

Desenvolva uma atitude de indiferença e de desapego emocional

A paixão é uma virtude sobrevalorizada na vida das organizações, e a indiferença é uma virtude subvalorizada. Esta conclusão choca, muitas vezes, com a maioria dos livros de gestão, que fazem publicidade sensacionalista aos poderes mágicos de demonstrar uma paixão, autêntica e profunda, pelo trabalho, pela organização, pelos colegas e pelos clientes. Durante mais de 20 anos, o guru de gestão Tom Peters tem falado sobre a importância do orgulho e do entusiasmo pelo local de trabalho e pelos clientes. O antigo CEO da AES, Dennis Blake, defende a construção de locais de trabalho onde as pessoas tenham alegria e divertimento no trabalho, e se sintam, a cada momento, emocionalmente realizadas. O best-seller de Jim Collins, *Good to Great*, compele os líderes a contratarem apenas pessoas de "nível superior" e que tenham paixão suficiente para se esforçarem por um "superior +". E vimos, no capítulo 3, que na Southwest Airlines não tentam apenas evitar contratar imbecis; contratam as pessoas e mentalizam-nas que devem zelar pelos seus colegas de trabalho, pelos clientes, e pela empresa.

Esta conversa toda sobre paixão, empenho e identificação com a organização está absolutamente correcta *se* uma pessoa estiver num bom emprego e for tratada com dignidade e respeito. *Mas* é um absurdo hipócrita para as milhares de pessoas que estão amarradas a empregos e empresas onde se sentem oprimidas e humilhadas, onde o seu objectivo é sobreviver com a sua saúde e auto-estima intactas e sustentar as suas famílias, e não fazer grandes coisas por uma empresa que as trata como lixo. As organizações que estão cheias de funcionários que não querem saber dos seus empregos para nada têm um desempenho fraco, mas, para mim, se tratarem mal os seus funcionários com frequência acabam por ter o que merecem.

Quando a vida da organização dá esta reviravolta desagradável, em que relacionamos a nossa auto-estima com a forma como as pessoas nos tratam, e pomos todo o nosso esforço e energia emocional no local de trabalho, entra-se num caminho de exploração e autodestruição. A autopreservação, às vezes, exige a reacção oposta: aprender a sentir e a praticar *a indiferença e o desapego emocional.* Quando o seu emprego se parece um insulto pessoal permanente, concentre-se apenas em fazer as coisas mecanicamente, em preocupar-se o menos possível com os imbecis à sua volta, sempre que possa pense em coisas mais agradáveis, e vá deixando os dias passar até que algo mude no seu emprego ou apareça algo melhor. Todos nós enfrentamos situações más que temos de suportar. Nenhum de nós domina completamente aquilo que nos rodeia e todos nós apanhamos com imbecis opressivos que não conseguimos mudar. Há momentos em que a melhor coisa para a sua saúde mental é não se importar com o trabalho, a empresa e em especial com todas essas pessoas desagradáveis. Como disse Walt Whitman, "repudie tudo aquilo que insulta a sua alma". Penso que é uma síntese bem feita das virtudes de se desenvolver uma atitude de indiferença em relação aos imbecis que rebaixam as pessoas no local de trabalho, ou em qualquer outro lado.

Alguns investigadores sugeriram que a "preocupação desinteressada" pode ajudar os funcionários a evitar o desgaste que resulta de uma exposição constante aos problemas das outras pessoas. Christina Maslach define preocupação desinteressada como "o ideal da profissão médica de misturar compaixão com distância emocional e uma objectividade mais desinteressada". No entanto, Maslach descobriu que as pessoas na medicina e noutras profissões que implicam ajudar os outros têm dificuldade em manter este equilíbrio: ou as pessoas se preo-cupam genuinamente com os outros (e arriscam o desgaste), ou então fingem que se preocupam (muitas vezes sem sucesso) porque afinal não se preocupam minimamente. A implicação disto é que pode sentir ou *preocupação interessada* ou *indiferença desinteressada*, mas preocupação e paixão, sem apego emocional, é difícil ou impossível.

Se não se importa com os bons colegas, clientes, e organizações, isso é um sinal de que precisa fazer uma pausa, precisa de aprender uma nova competência, ou talvez mudar para um emprego diferente. Mas a indiferença desinteressada – aprender simplesmente a não se preocupar com as coisas – pode ser o melhor que consegue fazer para sobreviver a um local de trabalho que o sujeita a uma humilhação persistente. Pense no que Ruth fez quando se imaginou a si mesma a flutuar nos rápidos, com os pés para a frente, à medida que os colegas eram grosseiros. Ruth estava fisicamente sentada à mesa. Na sua mente, no entanto, não estava apegada aos seus colegas que a rebaixavam e eram desagradáveis, as opiniões deles não afectavam a sua auto-estima, as palavras e expressões cruéis deles não lhe atingiam a alma, e ela estava num mundo melhor e diferente.

Procure obter pequenas vitórias

A capacidade de obter o controlo sobre coisas pequenas, e aparentemente triviais, é uma característica das pessoas que sobrevivem a acontecimentos incontro-láveis e horríveis, incluindo desastres naturais, ou ser um refugiado, um refém, ou prisioneiro de guerra. De 1965 a 1973 o vice-almirante James Stockdale esteve preso no Vietname do Norte. Descobriu que um aspecto comum a todos os prisioneiros como ele que sobreviveram à situação era: "Nós descobrimos que quando se está sozinho numa cela, e se vê abrir a porta apenas uma ou duas vezes por dia para entrar uma tigela de sopa, chegamos à conclusão que depois de um período de isolamento e escuridão é necessário construir algum tipo de ritual na vida se quiser evitar transformar-se num bicho [...] Para a maioria de nós, esse ritual era construído à volta da oração, do exercício, e da comunicação clandestina." Stockdale e outros prisioneiros sobreviveram através de centenas de pequenas acções que podiam realizar em cada dia para conseguir ter um bocadinho de controlo sobre as suas vidas como, por exemplo, rezar, fazer elevações, ou tentar desenvolver novas formas de enviar uma mensagem secreta aos outros prisioneiros.

Investigações rigorosas confirmam que a sensação de controlo – a percepção de que se tem o poder para moldar nem que sejam pequenos aspectos do seu destino – pode ter um enorme impacto no bem-estar humano. Vejamos um estudo convincente realizado por Ellen Langer e Judith Rodin com pacientes idosos em lares de terceira idade. Um grupo de pacientes assistiu a uma palestra sobre todas as coisas que os membros do pessoal podiam fazer por eles, foi-lhes dada uma planta e dito que o pessoal trataria dela; disseram-lhes quais as noites em que poderiam ver um filme. Os pacientes dos outros grupos (bastante semelhantes) dos mesmos lares ouviram um discurso sobre a importância de controlar as suas próprias vidas, foi-lhes pedido que tomassem conta da nova planta nos seus quartos, e foi-lhes dado a escolher quais as noites para ver um filme, quando seriam as refeições, quando é que podia tocar o telefone, e como deviam estar dispostos os móveis no seu quarto. Estas pequenas diferenças produziram grandes efeitos. Os pacientes com maior controlo não só apresentaram uma maior propensão para integrar actividades recreativas e uma atitude mais positiva em relação à vida em geral, como também se apurou que, no período de 18 meses em que estes pacientes foram seguidos, eles tiveram uma taxa de mortalidade 50 por cento mais baixa.

Na mesma linha, o psicólogo Karl Weick afirma que procurar obter "pequenas vitórias" é, muitas vezes, uma estratégia mais reconfortante e, em última instância, mais eficaz do que procurar obter "grandes vitórias". Weick mostra que tentar resolver um grande problema de uma vez só pode ser tão assustador e perturbador que faz com que as pessoas se sintam ansiosas e impotentes ao enfrentarem um desafio impossível. A vantagem de ir dando pequenos passos é que estes trazem mudanças visíveis e geralmente de sucesso. Tal como vimos com as pequeninas mudanças realizadas pelo almirante Stockdale e pelos pacientes dos lares de terceira idade, *a sensação de estar no controlo da situação pode reduzir sentimentos de falta de esperança e de falta de ajuda.*

Weick também argumenta que a maior parte dos grandes problemas só pode ser resolvidos dando um passo de cada vez. Não existem soluções instantâneas e mágicas para acabar com a fome no mundo ou para limpar o ambiente, mas podem ser feitos progressos se muitas pessoas derem pequenos passos positivos na direcção certa. Uma outra vantagem é que enquanto que os esforços para obter uma grande vitória podem fazer com que um adversário mais poderoso entre em acção contra si, este pode não se dar ao trabalho de questionar ou derrubar uma pequena vitória, ou pode até nem perceber que esta aconteceu. No entanto, com o tempo, uma série de pequenas vitórias pode constituir uma grande vitória contra esse adversário.

A implicação que isto tem para se sobreviver num local de trabalho onde os idiotas abundam é que se não conseguir fugir por completo tente encontrar pequenas formas de obter algum controlo. Tente descobrir quais os pequenos passos que pode dar para reduzir a sua exposição ao veneno deles. Construa bolsas de segurança e apoio, já que a acção de ajudar os outros é, por si só, boa para a sua saúde mental. Se não consegue vencer uma grande guerra contra essas pessoas detestáveis, comece a procurar pequenas batalhas que possa ganhar, uma vez que a sensação de controlo que adquire vai servir para lhe animar o espírito. E se uma pequena vitória após outra se começar a amontoar, quem sabe, pode dar início a um movimento na sua organização onde a regra "pró idiotas" será lenta mas certamente substituída pela regra "idiotas não".

Limite a sua exposição

Esta táctica reduz os danos provocados pelos idiotas de duas formas. Em primeiro lugar, limita a frequência e a intensidade com que tem de enfrentar os olhares desagradáveis e as palavras cruéis, ou seja, sofre menos danos directos. Em segundo lugar, como vimos, *qualquer coisa* que o faça ganhar mesmo pequeníssimas quantidades de controlo pode proteger a sua noção de identidade, o seu espírito, e a sua saúde física. A minha primeira sugestão é que encontre lugares e momentos em que se possa esconder dos seus atormentadores. Reúna-se com eles o menor número de vezes possível. Marque reuniões de curta duração;

investigações recentes sugerem que marque as reuniões em salas ou locais onde não haja cadeiras. Uma experiência realizada por Alan Bluedorn e os colegas da Universidade do Missouri comparou as decisões tomadas por 56 grupos onde os membros *ficavam de pé* durante as reuniões com 55 grupos onde os membros *ficavam sentados* durante reuniões de curta duração (10 a 20 minutos). Nos grupos de pessoas que se reuniam de pé apurou-se que as decisões eram tomadas em menos 34 por cento do tempo, e que a qualidade das suas decisões era tão boa quanto a dos grupos que se reuniam sentados.

Para além do tempo que poupa à sua organização, se está a marcar uma reunião com idiotas reconhecidos, encontrar um local sem cadeiras pode reduzir o tempo de exposição em 34 por cento. Uma implicação relacionada com isto é que ter preparadas algumas salas de conferências com mesas altas e sem cadeiras pode ajudar as pessoas da sua empresa com a gestão do tempo e com a gestão dos idiotas, para além de poupar algum dinheiro em cadeiras.

Pode, também, utilizar tecnologias de informação para o ajudar a proteger-se de um imbecil ou de um conjunto de imbecis. Por exemplo, para além da táctica da "Fossa de Satanás" descrita no início deste capítulo, Ruth protegeu-se daquela multidão de idiotas participando em duas reuniões através de uma chamada telefónica em conferência, em vez de comparecer pessoalmente. Dessa forma, evitou olhar para as suas caras desagradáveis, teve mais facilidade em desligar--se emocionalmente, e houve vezes em que fez calar um imbecil que lhe estava a revirar o estômago ao carregar no botão *"mute"*, esquecendo a crueldade dos seus colegas, e dedicando a sua atenção a ajudar as pessoas boas da empresa. Tenha atenção, no entanto, que quando os grupos funcionam na maior parte das vezes por *e-mail* ou por chamadas em conferência (em vez de cara a cara), as pessoas que os compõem têm tendência para lutar mais e confiar menos umas nas outras.

Ao que parece, isto acontece porque as pessoas não têm acesso à realidade completa como quando "estão fisicamente presentes", já que os *e-mails* e as chamadas telefónicas dão pouca informação relativamente às exigências que as pessoas enfrentam e ao ambiente físico onde trabalham, e não transmitem aspectos como a visualização das expressões faciais, a entoação da voz, a postura, e o "humor do grupo". Por isso, os membros do grupo desenvolvem opiniões sobre uns e outros que são incompletas, e muitas vezes excessivamente negativas.

Os meus colegas de Stanford, Pamela Hinds e Diane Bailey, mostram que o conflito – em especial os "desentendimentos caracterizados por raiva e hostilidade" – é mais provável e a confiança menor quando os grupos realizam trabalho "mediado" por tecnologias de informação, em vez de utilizarem reuniões cara a cara. Se faz parte de um grupo que trabalha geralmente pela net e por telefone, e estes lhe parecem um bando de idiotas, *a tecnologia pode estar a estimular o problema em vez de estar a protegê-lo do mesmo*; por isso, pode valer a pena perder algum tempo a reunir-se pessoalmente, de forma a perceber as pressões que as pessoas enfrentam e a desenvolver uma maior confiança. No entanto, pode ser que, como Ruth, já tenha tido experiências suficientes em reuniões cara a cara nas quais as pessoas mostraram ser umas idiotas. Nesse caso, o *e-mail*, as chamadas em conferência, e o todo-poderoso botão *"mute"* podem ajudá-lo a proteger-se da crueldade deles.

Construa bolsas de segurança, apoio e sanidade (física e mental)

Descubra e construa algumas bolsas onde possa esconder-se dos idiotas e conviver com pessoas decentes. Ao fazê-lo está a reduzir a sua exposição a esses imbecis, a fazer uma pausa para respirar, e a conseguir ganhar algum controlo sobre quando e como estas pessoas detestáveis são indecentes consigo.

Estas bolsas podem ser edifícios ou salas. Por exemplo, os enfermeiros que eu estudei com o Dan Denison sentiam-se assediados por cirurgiões que eram insensíveis e cruéis para com eles, em especial o vergonhoso "Dr. Gooser", que vimos a perseguir, provocar, e agarrar as enfermeiras. Eles refugiavam-se na sala dos enfermeiros, onde os médicos não tinham autorização para entrar. Era um lugar seguro para contar histórias, fazer queixas, e para dar e receber apoio emocional: era visível a diminuição da tensão que os enfermeiros sentiam a partir do momento em que entravam na sala.

Outra forma de descobrir uma "bolsa de segurança" é juntar-se a, ou formar, uma rede social secreta de "vítimas". Um grupo de secretárias numa universidade formou um grupo de oração que se reuniu regularmente durante vários meses, com o objectivo de as ajudar a encurtar o período de tempo em que o cargo de reitor da universidade foi ocupado por uma pessoa insensível e idiota. Elas rezavam para que lhe acontecesse alguma coisa, que não fosse má demais, mas que fosse suficientemente má para apressar a sua partida! (Ah, os seus esforços foram em vão; no momento em que escrevo, ele ainda ocupa o cargo!). De igual modo, a esposa de um executivo escreveu-me a dizer que o seu marido lutava para sobreviver a um CEO abusivo: "Os altos quadros logo abaixo dele juntam-se nos gabinetes uns dos outros para se apoiarem, mas têm todos consciência de que qualquer um deles poderia decidir desistir de lutar e, então, o *stress* seria redistribuído pelos que ficassem". Em algumas organizações onde são os *bullies* quem manda, as suas vítimas têm tanto medo de represálias que as redes e as conversas entre vítimas são tratadas como actos proibidos e secretos, mas que vale a pena o risco, pois o *stress* é intenso.

Estas bolsas podem ser descobertas até em pequenos momentos, como interacções breves com compradores ou clientes que dão o seu apoio. Há alguns meses, estava na fila de uma drogaria chamada Long's Drugstore, em Moraga, na Califórnia. O funcionário da caixa era um adolescente, a quem vou chamar Chris (ele usava uma placa com o nome). Quando estava a servir a cliente à minha frente, o telefone da loja tocou, mas ele concentrou-se em ajudar a cliente em vez de o atender. Cerca de um minuto depois, a funcionária que estava na caixa ao lado virou-se, deitou-lhe um olhar de ódio desenfreado, e disse-lhe em voz alta: "CHRIS, O QUE É QUE SE PASSA CONTIGO, NÃO OUVES ESSA COISA? ATENDE!" Chris ficou todo corado e parecia que ia chorar. A mulher que estava à minha frente olhou-o bem nos olhos e disse-lhe em voz alta: "Chris, ignore-a, eu acho que está a fazer um óptimo trabalho". O Chris ficou extremamente aliviado e mais calmo.

Colegas que prestam apoio, e clientes que demonstram consideração como foi o caso desta senhora, podem aliviá-lo do *stress* de trabalhar com uma quantidade de idiotas. Tal como Ruth fez com a "Estratégia da Fossa de Satanás", este tipo de conversas pode ser particularmente construtivo quando as vítimas compartilham estratégias para lidar com as situações, que as ajudam a sobreviver aos ataques de gente abominável. Mas falar com outros sobre os nossos problemas não é uma panaceia; de facto, pode ser uma faca de dois gumes. Loraleigh Keashly e Steve Harvey concluíram que estudos iniciais descobriram que os funcionários vítimas de abusos emocionais que procuram apoio emocional junto de amigos, família, colegas de trabalho, e supervisores beneficiam apenas de pequenos efeitos positivos sobre a sua saúde mental. Keashly e Harvey afirmam que o apoio social tem efeitos fracos porque as vítimas, na sua maioria, falam com pessoas que não têm poder para fazer parar os *bullies* e os abusadores – o que me parece fazer sentido.

Pior ainda, descobri que conversas, sessões de fofoquice e até sessões de psicanálise conduzidas por profissionais fazem, por vezes, mais mal do que bem. Estes encontros às vezes degeneram em "sessões de reclamações" em que as pessoas se queixam amargamente sobre como as coisas são más e como se sentem impotentes para travá-las. Vi isto acontecer num hospital onde consultores externos conduziram uma série de *workshops* sobre exaustão física e mental no trabalho. Estas sessões extremamente mal geridas começavam com estatísticas sobre a forma intensa como os enfermeiros eram insultados pelos médicos e sobre muitas outras fontes de *stress* que estes enfrentavam – más decisões da administração, famílias e pacientes difíceis, e por aí fora. Estas estatísticas desagradáveis estimularam queixas e sentimentos de desamparo e de falta de esperança entre os enfermeiros, em grande parte porque os moderadores não direccionaram a conversa para a forma como estes problemas podiam ser reenquadrados ou para estratégias que ajudassem a conseguir pequenas vitórias, ficando reduzidos a estratégias organizacionais de implementação de uma "regra idiotas não".

Lembro-me de perguntar a uma das enfermeiras como é que estavam a correr as sessões, e ela respondeu-me: "Eu chego às sessões de bom humor, mas saio sempre deprimida. Eles estão a fazer-me detestar o meu trabalho; não fazemos mais nada que não seja reclamar, reclamar, reclamar!". Lembre-se que as emoções são extremamente contagiosas, por isso, se vai criar lugares, redes e encontros regulares para falar sobre como lidar com os idiotas com quem trabalha, concentre-se em formas de reenquadrar acontecimentos que reduzam o *stress* e em meios de obter pequenas vitórias, e não em criar locais de disputa que produzem e disseminam sentimentos de desespero.

Lute e ganhe as pequenas batalhas que interessam

Utilizar uma estratégia de "pequenas vitórias" pode aumentar a sua sensação de controlo, tornar as coisas à sua volta um pouco melhores, e talvez – apenas talvez – ajudar a retirar gradualmente os aspectos odiosos e cruéis da cultura a que está preso, e começar a torná-la um pouco melhor.

Esta abordagem exige estar constantemente à procura de pequenas mas saborosas vitórias que se possa conseguir, uma táctica utilizada por muitos dos 120 trabalhadores americanos entrevistados do livro *Gig*, em especial aqueles que lidavam com pessoas agressivas. Alguns desses trabalhadores procuravam momentos em que, educadamente, pudessem levar as pessoas à sua volta a ficarem mais calmas, e a não deixarem que a raiva se intensificasse. Em relação à forma como lidava com os reclusos o guarda prisional Franklin Roberts, disse: "Nunca grito com eles. Eles zangam-se comigo e fartam-se de gritar [...] Ficam loucos. Mas não se pode gritar com eles. Não se pode perder a compostura à frente desses tipos. Se eles começarem a gritar, começa-se a falar em voz baixa. Não se pode entrar no jogo deles". Como assinalou Roberts, apesar de os reclusos serem perigosos e ainda assim lhe gritarem, ao ficar calmo um guarda prisional vai lentamente ganhando o respeito deles, consegue reduzir o risco de ser atacado, acaba por ser menos ameaçado e gritam menos com ele.

Apesar da profissão de muitos de nós não ser a de guarda prisional, o método usado por Roberts para reagir a pessoas zangadas – através da calma e do respeito – pode ser utilizado para lidar com idiotas em qualquer local de trabalho. Se através de uma conversa de cada vez lhes conseguir mostrar que não vai ser contagiado pela sua idiotice, eles podem mesmo ser contagiados pela sua calma e maneira de ser agradável, e tratá-lo com respeito, mesmo que mostrem não ter a mesma cortesia para com os outros.

A reeducação suave é uma estratégia relacionada para obter pequenas vitórias nas interacções com idiotas. A ideia é explicar suavemente ao seu atormentador as exigências que enfrenta ou outras razões pelas quais não merece a raiva deles. O livro *Gig* mostra como Luptia Perez motorista de autocarro de Los Angeles, utilizou esta táctica para acalmar "civis" zangados. Vejamos o exemplo da passageira que lhe gritou: "É paga para não fazer nada. Não faz mais nada para além de guiar". Perez explicou calmamente: "Eu não só tenho de tomar conta de si e de todas as outras pessoas que estão no autocarro, como tenho de tomar conta do autocarro, de mim, das pessoas que atravessam a rua, das pessoas que guiam os seus carros. [...] Minha senhora, se quiser tenho muito gosto em deixá-la fazer este turno e, enquanto isso, eu fico sentada aí atrás a relaxar um bocado". A passageira irritada pediu desculpa, e como disse Perez, "Eu abri-lhe os olhos". Uma pequena vitória como esta não dá apenas ao alvo do abuso uma sensação de controlo, como faz as coisas parecerem um bocadinho melhores durante alguns minutos. Se for utilizada de forma consistente e hábil ao longo do tempo, num imbecil atrás do outro, a série de pequenas vitórias pode ir reduzindo gradualmente a fonte da hostilidade – neste caso, passageiros mal-educados.

A redução da intensidade da raiva e a reeducação são estratégias com relativamente pouco risco, pois apesar de poderem falhar, são poucas as hipóteses de que estas abordagens em que se "dá a outra face" façam aumentar a irritação que os imbecis lhe manifestam. Estratégias para obter "pequenas vitórias" mais arriscadas requerem enfrentar directamente um idiota, obter vingança, pô-lo no seu lugar, ou "expulsar" e humilhar o imbecil. Tenha cuidado, no entanto, pois essas abordagens são perigosas: a agressão muitas vezes gera mais agressão, e dessa forma arrisca-se a iniciar um ciclo vicioso de insultos e ataques pessoais. E entrar numa batalha com alguém que tem mais poder pode ser perigoso para a sua saúde mental e para o seu emprego. No entanto, se estudar o seu opressor, escolher o momento certo, e estiver disposto a arriscar, pode vir a ser recompensado com algumas pequenas vitórias significativas.

Para começar, aguarde a sua vez, até que chegue mesmo o momento certo de fazer o seu imbecil local pagar por todos os abusos que o fez suportar, e obter a sua doce vingança. A minha "história de vingança" preferida veio de uma produtora de rádio de Boston, que estava a trabalhar comigo numa peça sobre "fuinhas no local de trabalho". Ela falou-me no pior chefe que alguma vez tivera. Este indivíduo fazia "100 vezes mais do que eu" e estava constantemente a "rebaixar-me e a invadir o meu espaço pessoal". Em particular, o chefe estava sempre a comer-lhe a comida, ia à secretária dela e comia-lhe parte do almoço ou quaisquer refeições ligeiras que ela tivesse em cima da mesa. Ela sentia a sua privacidade invadida e sentia-se roubada, e apesar de lhe ter pedido para parar, ele continuava a fazê-lo. Um dia ela fez uns chocolates com um produto laxante e deixou-os em cima da mesa. Tal como se esperava, o chefe foi lá e devorou-os sem pedir autorização. Quando ela lhe disse o que eles continham, "ele não ficou nada satisfeito". Este acto de vingança não é apenas engraçado, é inspirador, pois ela arranjou forma de se vingar dele de um modo que ele não se conseguia defender racionalmente. Para ele, foi um castigo bem merecido por lhe roubar a comida, e ele sabia-o.

Há uns anos, a minha amiga Sue Schurman, que é agora presidente do National Labor College, na cidade de Silver Springs, no Maryland, explicou-me uma outra táctica de vingança. Sue trabalhou durante vários anos como motorista de autocarro em Ann Arbor, no Michigan, na década de 70, onde acabou por se tornar dirigente sindical. Mesmo numa cidade relativamente pequena como Ann Arbor, os motoristas de autocarro cruzam-se constantemente com condutores agressivos e por vezes hostis. Sue contou-me que quando apadrinhava novos condutores, uma das primeiras coisas que lhes ensinava era que um condutor especializado "nunca tinha um acidente acidentalmente" e que, em vez disso, os acidentes deviam ser "castigos" que os motoristas de autocarro infligiam intencionalmente aos "condutores loucos". Disse-me ainda que os motoristas de autocarro da cidade podiam ter três acidentes por ano sem sofrer qualquer acção disciplinar, e que aconselhava os novos motoristas a "guardar um para a época de Natal, porque é nessa altura que os imbecis andam todos por aí fora, e vai querer vingar-se de um deles".

Os motoristas de autocarro trabalham em ambientes onde existem muitas interacções hostis com os condutores e onde têm um controlo limitado sobre os seus atormentadores. Embora só ocasionalmente queiram vingança do desfile constante de imbecis que enfrentam, o sentimento de que têm poder para o fazer − a percepção todo-poderosa do controlo − é essencial para manterem a sua sanidade mental. Sue Schurman ganhou vários prémios de segurança e teve muito poucos acidentes durante os anos em que foi motorista de autocarro, mas, como me escreveu há pouco tempo, "o pensamento delicioso de que podíamos castigar os idiotas era uma válvula de escape psicológica importante. O pensamento era, por si só, suficiente para nos ajudar a gerir a irritação".

A táctica final para retaliar é ainda mais arriscada do que exigir vingança. Mas se funcionar, é extremamente eficaz: desafiar o *bluff* dos outros. Alguns opressores demonstram arrogância com a sua conversa dura, mas depois de os observar por um tempo pode chegar à conclusão de que são lobos em pele de cordeiro (tal como os *bullies* do recreio da escola que enfrentei na minha juventude). Um leitor da *Harvard Business Review* descreveu-me como é que desafiou o *bluff* de um *bully*:

> "Gostaria de acrescentar que estes *bullies* normalmente perseguem os que são incapazes de se defender a si próprios. Em tempos, trabalhei para uma organização de serviço social que tinha um grande *bully*. Ele era um major do exército reformado e tinha um talento especial para arrancar a pele daqueles que aparentassem ser de alguma forma fracos, inseguros, ou indecisos. Tentou fazê-lo comigo algumas vezes. Um dia, quando eu já tinha aturado provocações suficientes, ele começou a ser cruel comigo, deitei-lhe um olhar sério e disse que se ele voltasse a falar comigo daquela maneira lhe saltava em cima e que eu não era pago nem iria admitir qualquer tipo de abusos, insultos ou ordinarices da parte dele. Nunca mais tive de o fazer. Ele percebeu a mensagem."

Este leitor da *HBR* teve imensa coragem. Uma estratégia menos arriscada é observar o que acontece quando os outros arranjam coragem para fazer frente ao idiota local. Se, como aconteceu neste caso, o fanfarrão recuar, isso significa que as suas hipóteses de obter uma pequena vitória são mais elevadas − e se, em conjunto com os seus colegas oprimidos, conspirarem contra o *bully*, este pode mudar, ou melhor ainda, ir-se embora de vez.

A conclusão: pode ser capaz de o suportar, mas está mesmo encurralado?

Se está condenado a trabalhar com um idiota ou, pior ainda, com uma enorme quantidade deles, há formas de limitar os danos. Pode ajudar a proteger o seu corpo e a sua mente a reenquadrar os seus abusos como algo que não é culpa sua e que não vai desaparecer por magia, e aprendendo a não se importar com esses imbecis e com a organização desprezível a que pertencem. Pode, também, procurar obter algumas pequenas vitórias: procure e dispute as pequenas batalhas que tem boas hipóteses de ganhar. Essas vitórias modestas irão ajudá-lo a sentir que tem o controlo, podem ajudar a tornar as coisas um pouco melhores, e se continuar a enfraquecê-los gradualmente, e se os outros se juntarem à sua causa, as coisas podem tornar-se muito melhores para todos a longo prazo. Escrevi este capítulo porque muitas pessoas estão mesmo presas a um grupo de idiotas, e por razões financeiras ou pessoais não têm forma imediata de fugir. E todos nós temos de suportar encontros ocasionais com idiotas.

Mas estas ideias têm um lado obscuro. A protecção suficiente que elas dão (ou, pior ainda, a ilusão de protecção suficiente que suscitam) pode levar as pessoas a deixarem de se libertar de situações cruéis de rebaixamento – mesmo quando têm a opção de sair. Incomodam-me, por exemplo, as afirmações de Jerrold no livro *Gig* sobre os abusos constantes que aturava a Brad, o produtor executivo que ele admirava de um modo servil. Preocupa-me que a extraordinária dureza e resistência de Jerrold estivessem a enviar a mensagem errada a Brad: que insultar, e mesmo agredir, os seus subordinados era aceitável por ele ser uma pessoa rica e poderosa, e que fazia coisas tão importantes. Jerrold brincou com o facto de que provavelmente iria continuar a trabalhar para Brad até ter um esgotamento – um sentimento triste, pois parece tão verdadeiro. A implicação infeliz é que se o leitor for como Jerrold, e talvez demasiado hábil a reduzir as suas expectativas e a contentar-se com as pequeninas vitórias, isso pode impedi-lo de se afastar de um chefe ou de uma organização abusivos.

Por outro lado, talvez Jerrold não se importasse de apanhar uma intoxicação por idiotas se isso o ajudasse a tornar-se tão rico, poderoso, e famoso como o seu chefe. Eu gostava que ser-se completamente idiota, o tempo todo, fosse mau em todos os sentidos – detesto e envergonho-me das (quase todas) vezes em que me comportei como um. Infelizmente, apesar de eles fazerem bastante mais mal do que bem, o próximo capítulo mostra que há vantagens em comportar-se como um idiota.

Capítulo 6

As virtudes dos idiotas

EU NÃO QUERIA ESCREVER ESTE CAPÍTULO. Mas alguns dos meus amigos mais próximos e mais inteligentes insistiam em dizer que era um mal necessário. Convenceram-me de que o livro seria ingénuo e ficaria incompleto se eu não abordasse as vantagens de uma pessoa se comportar como um idiota. E davam-me constantemente exemplos de pessoas que parecem ter sucesso por – e não apesar de – serem idiotas certificadas.

O primeiro exemplo é Steve Jobs, o CEO da Apple, da Pixar, e o maior accionista da Disney (depois de lhes ter vendido a Pixar). Às vezes parece que o seu nome completo é "Steve Jobs, aquele idiota". Eu escrevi "Steve Jobs" e "idiota" no Google e obtive 52 400 resultados de pesquisa. Pedi a algumas pessoas das indústrias do entretenimento e da alta tecnologia para me indicarem os líderes (alegadamente) mais cruéis das mesmas, uma vez que as empresas de Jobs estão nestas indústrias, de forma a obter alguns "idiotas para comparação". Michael Eisner, antigo CEO da Disney, foi um nome mencionado constantemente; no entanto, "Michael Eisner" e "idiota" produziram o número relativamente desprezível de 10 500 resultados. E na indústria de alta tecnologia, o notoriamente difícil "Larry Ellison" da Oracle e "idiota" geraram uns míseros 560 resultados.

As histórias mais assustadoras, e divertidas, vêm directamente de pessoas que trabalharam com Jobs. A revista *Wired* resumiu um encontro de 1300 antigos funcionários da Apple em 2003, e disse que apesar de Jobs não ter comparecido, ele foi o principal assunto de conversa, em especial histórias das suas diatribes e acessos de raiva. Nas palavras de um dos presentes, "toda a gente tem a sua história sobre Steve Jobs, o idiota». Como membro da Faculdade de Engenharia de Stanford, que pertence à área de actuação da Apple, também ouvi esse tipo de histórias durante anos. Uma delas foi-me contada por um gestor com quem falei (dias depois de ter acontecido) sobre um acesso de raiva que Jobs teve na sua já extinta empresa de computadores NeXT. Ele disse-me que Jobs começou a berrar, a gritar, e a fazer ameaças, porque a cor das novas carrinhas da NeXT não era exactamente igual ao tom de branco com que a fábrica estava pintada. Para acalmar Jobs, os directores de produção da NeXT tiveram de gastar horas preciosas (e milhares de dólares) a repintar as carrinhas no tom *exactamente* igual.

No entanto, as pessoas que contam estas histórias dizem que Jobs é uma das pessoas mais imaginativas, decididas e persuasivas que já conheceram. Admitem que ele inspira um esforço e uma criatividade extraordinárias nos seus funcionários. E todos sugerem que – apesar dos seus acessos de raiva e críticas cruéis irritarem os que o rodeiam e terem afastado muitos deles – os funcionários são uma parte importante do seu sucesso, em especial a sua busca pela perfeição e o desejo permanente de fazer coisas bonitas. Mesmo aqueles que mais o desprezam perguntam--me: "Então, o Jobs não prova que pode valer a pena ter um idiota por perto?"

Para mim, não valeria a pena trabalhar com Jobs ou com qualquer outra pessoa como ele. Mas fiquei convencido que é ingénuo supor que os idiotas fazem *sempre* mais mal do que bem. Por isso, este capítulo é dedicado às vantagens dos idiotas. É preciso ter cuidado, no entanto, pois estas ideias são explosivas e perigosas: elas fornecem uma base de argumentação que os imbecis enganadores e destrutivos podem usar para justificar, e também louvar, a sua tendência para rebaixar os outros.

As virtudes da crueldade

Ganhar poder pessoal e reputação

Vários estudos mostram que esperamos que as pessoas poderosas dirijam a sua raiva aos que não têm poder, e há também indícios de que esse tipo de crueldade

As virtudes dos idiotas

pode ajudar as pessoas a ganhar mais influência sobre os outros. Mesmo que não nos apercebamos disso, estamos à espera que as pessoas poderosas demonstrem orgulho e fiquem com os louros quando as coisas correm bem, e que manifestam irritação e recriminação aos seus subordinados quando as coisas correm mal. As pessoas na base da hierarquia lutam por se manter firmes nas suas posições precárias manifestando cordialidade, fazendo elogios, demonstrando deferência, e, quando as coisas correm mal, pedindo desculpa a membros de estatuto superior.

Uma das razões pelas quais os líderes, homens e mulheres, se comportam como *bullies* é porque os deixamos, na realidade encorajamo-los subtilmente, a escapar impunes. Estudos realizados por Lara Tiedens e os seus colegas de Stanford sugerem que muitas vezes o "mundo é: bajula para subir, empurra para baixo", e que a utilização estratégica da irritação e da recriminação pode ajudá-lo a subir na hierarquia e a derrubar os outros. Teidens comprovou esta ideia através de uma experiência (durante os debates do senado americano sobre se o então presidente dos Estados Unidos, Bill Clinton deveria ser impugnado), onde mostrou às pessoas gravações de vídeo recentes: numa das gravações Clinton expressava a sua irritação em relação ao escândalo sexual de Monica Lewinsky, e na outra expressava tristeza. As pessoas que viram um Clinton zangado apresentaram uma maior probabilidade de dizer que ele deveria continuar a exercer o seu mandato sem ser duramente punido, e que "se devia desistir da questão de lhe impugnar o mandato", ou seja, que ele devia ser autorizado a manter o poder. As conclusões que Teidens tirou desta experiência, e que foram retiradas de muitos outros estudos relacionados, foi que apesar de os indivíduos serem vistos como "antipáticos e frios", a utilização estratégica da irritação – ataques de fúria, expressões de raiva, olhar directamente nos olhos, e "fazer gestos vigorosos com as mãos" como apontar e bater – "dá a impressão de que o indivíduo que se está a exprimir é competente".

De uma forma mais ampla, estudos sobre liderança mostram que manobras cruéis subtis como fazer olhares de irritação e comentários condescendentes, atitudes explícitas como insultos ou humilhações, e até intimidação física podem ser caminhos eficazes para o poder. Rod Kramer, um outro colega meu de Stanford, mostrou na *Harvard Business Review* como os "intimidadores"

– incluindo o antigo presidente norte-americano Lyndon Johnson, a antiga CEO da Hewlett-Packard, Carly Fiorina, o antigo chefe da Miramax, Harvey Weinstein, o antigo CEO da Disney, Michael Eisner, e claro, o CEO da Apple, Steve Jobs – ganharam e fizeram crescer o seu poder através da utilização estratégica de olhares desagradáveis, humilhações e *bullying*. Kramer explica como é que Lyndon Johnson estudava as outras pessoas em pormenor, e utilizava insultos e acessos de raiva estratégicos que eram aprimorados para jogar com as inseguranças dos outros políticos. E ele afirma que Carly Fiorina era admirada e temida pela sua capacidade de "dominar os seus opositores fitando-os fixamente".

O artigo de Kramer "Os grandes intimidadores" retrata Harvey Weinstein, um produtor de Hollywood, como um intimidador "duro, ofensivo, provocativo" definitivo, um mestre na utilização da "raiva planeada" para exercer "poder de porco-espinho". Num artigo de 2002 que saiu na *New Yorker*, Ken Auletta escreveu que Weinstein estava preocupado porque havia rumores de que ele iniciara uma campanha de difamação para desacreditar *Uma Mente Brilhante* – um filme da Universal Pictures que estava a competir com o seu filme *Vidas Privadas* por um óscar. Weinstein acreditava que era Stacey Snider, presidente da Universal Pictures, quem estava a espalhar estes rumores sobre ele. Por isso, abordou Snider numa festa e iniciou o seu ataque. Auletta escreveu: "Para a delicada Snider, ele metia medo – os seus olhos escuros e cheios de raiva, a cara gorda por barbear, a barriga saída, mais ou menos 15 centímetros, para a frente do seu corpo. De dedo espetado na cara de Snider, berrou: «Vai-se tramar por causa disto!» Apesar de Weinstein ter acabado por pedir desculpa a Snider, Kramer afirma que essa "fúria e barulho calculados", deram muito jeito a Weinstein durante a sua carreira em Hollywood, que incluiu mais de 50 óscares.

Kramer argumenta que estes intimidadores não são, na realidade, *bullies* porque utilizam a intimidação de forma estratégica e não para se sentirem bem. Discordo. Se uma pessoa com o dobro do seu tamanho a encurralasse a um canto, lhe berrasse, e fizesse gestos ameaçadores, qualquer "perito" que eu conheço diria que fora vítima de *bullying*, e eu diria que tivera um encontro com um idiota. Independentemente do que lhes queira chamar, a capacidade

As virtudes dos idiotas

de se comportar como um imbecil intimidador – ou pelo menos de suportar os ataques dos outros imbecis – parece ser uma ferramenta de sobrevivência essencial em muitos cantos de Hollywood.

Kramer concentra-se no poder da intimidação. Mas há também indícios de que ser-se um imbecil desagradável pode ajudá-lo a prosperar de outra forma: *fazendo-o parecer mais inteligente do que os outros*. Eu e o Jeff Pfeffer vimos em acção esta forma de agarrar o poder, há alguns anos, quando estudámos uma grande instituição financeira em que as pessoas pareciam prosperar por dizerem, e não por fazerem, coisas inteligentes. Deitar abaixo os outros e as suas ideias, aquilo a que na Intel chamariam "confrontação destrutiva", fazia parte do jogo pelos cargos na empresa. Estes ataques eram muitas vezes feitos em frente da direcção, pois os quadros mais novos utilizavam críticas negativas (que às vezes roçavam o ataque pessoal) para fazer os seus alvos descerem na hierarquia e para eles próprios subirem.

Estes jogos desagradáveis pelos cargos podem ser explicados pelo estudo sobre o efeito "brilhante mas cruel" descoberto por Teresa Amabile de Harvard. Ela realizou uma experiência controlada com recensões a livros; algumas recensões eram desagradáveis e outras simpáticas. Amabile descobriu que as pessoas antipáticas e negativas eram vistas como menos simpáticas mas mais inteligentes, competentes, e como tendo um conhecimento mais especializado, do que aquelas que transmitiam as mesmas mensagens de forma mais educada e simpática.

Rivais intimidantes e dominadores

Como mostra Rod Kramer, as ameaças e intimidações podem ser utilizadas para ganhar e manter um cargo no topo da hierarquia. Tal como os líderes dos grupos de babuínos, que olhavam nos olhos, mordiam, e empurravam os outros primatas para manterem a sua posição social, como vimos no capítulo 3, as pessoas recorrem ao *bullying* para ganhar e manter a sua posição. A utilização e as virtudes da intimidação, com o objectivo de ganhar poder em relação aos rivais, são muito óbvias quando a ameaça física é prática corrente.

Sobreviver nas empresas

Se já viu *O Padrinho* ou *Os Sopranos*, então viu a forma como os chefes mafiosos e as organizações mantêm o seu domínio através de ameaças e violência. O meu pai ficou a saber que estas histórias não eram ficção quando ele e um sócio tentaram entrar no negócio das máquinas de venda automática, em Chicago, no início de 1960. Tentaram colocar máquinas de venda automática de doces e cigarros em recintos de *bowling*, restaurantes, e noutros locais. Naquela altura, as máquinas de venda automática eram controladas pelo crime organizado, uma vez que era um negócio de dinheiro vivo que produzia receitas que eram difíceis de localizar. O meu pai e o sócio foram avisados de que se não saíssem do negócio, algo de mal lhes aconteceria. O meu pai voltou para o seu antigo emprego na distribuição de café. Mas o sócio dele manteve a sua posição desafiadora e insistiu que não tinha medo da máfia – até que lhe partiram as pernas e ele decidiu que, afinal, era uma boa ideia sair do negócio das máquinas de venda automática.

No desporto a intimidação também faz parte do jogo, especialmente no futebol americano, no boxe, e no rugby, onde ganhar pressupõe obter domínio físico sobre os seus opositores. Mas também ajuda a ter sucesso em desportos onde a obtenção de domínio físico não é tão explícita, como o basebol. Ty Cobb, o célebre defesa, foi talvez quem ficou mais conhecido por ter utilizado o *bullying* para obter domínio. Ernest Hemingway apresentou a questão de forma dura, mas justa, "Ty Cobb, o melhor de todos os jogadores de basebol – e uma pessoa absolutamente reles." Ele jogou de 1904 a 1928, fez mais de 4000 *hits* e uma média de acerto de 0,367. Cobb ficou conhecido por magoar os adversários e por se envolver em brigas com colegas de equipa, adversários e praticamente qualquer pessoa que encontrasse dentro e fora do campo; o seu lema era: "Dêem-me espaço ou magoam-se". O biógrafo de Cobb, Al Stump, descreveu o que aconteceu quando um jogador chamado Bill Barbeau tentou impedi-lo de chegar à segunda base: "Um corpo arremessado, com as garras afiadas, atingira Barbeau nos joelhos, atirando-o para trás, atordoado. Arrancada da sua mão, a bola rolara para fora do campo. Cobb conseguira. A perna de Barbeau sofrera um corte, e o *run* que conduzia à vitória pontuara."

É claro que a maior parte das pessoas não trabalha nem para a máfia nem como atleta profissional. Mas muitos de nós trabalhamos no mundo empresarial,

As virtudes dos idiotas

e temos de lidar com pessoas intimidatórias. Steve Jobs é, mais uma vez, um mestre nisso. Andy Hertzfeld, um dos principais membros da equipa de *design* do Macintosh original, descreveu em pormenor uma mensagem que Jobs deixou a Adam Osborne, o CEO da rival Osborne Computer Company, em 1981. Hetzfeld escreveu em www.folklore.org o seguinte:

> "Olá, fala Steve Jobs. Gostaria de falar com Adam Osborne."
>
> A secretária informou Steve que o Sr. Osborne não estava disponível, e que só estaria de volta ao escritório no dia seguinte de manhã. Perguntou a Steve se queria deixar recado.
>
> "Sim", respondeu Steve. Ele fez uma pausa. "O meu recado é o seguinte. Diga a Adam que ele é um idiota."
>
> Houve uma espera longa, enquanto a secretária pensava no que dizer. Steve continuou: "Mais uma coisa. Ouvi dizer que Adam está curioso para saber como é o Macintosh. Diga-lhe que o Macintosh é tão bom que ele provavelmente vai comprar alguns para os filhos mesmo tendo sido o causador da falência da sua empresa!"

O que Jobs previra aconteceu mesmo. A Osborne Computers fechou as suas portas dois anos mais tarde.

Motivar o perfeccionismo e o desempenho com base no medo

O medo pode ser um motivador poderoso, instando as pessoas a evitar a punição e a humilhação pública. Um vasto conjunto de estudos de psicologia mostra que as recompensas são motivadores mais eficazes do que as punições, e há bastantes indícios de que as pessoas e as equipas aprendem e têm um desempenho muito mais eficaz quando o seu local de trabalho não é alimentado pelo medo. No entanto, há também estudos de psicologia do tempo do conhecido psicólogo B. F. Skinner que indicam que as pessoas trabalham para evitar ser punidas, apesar de as punições serem menos eficazes do que as recompensas. E sociólogos famosos, incluindo Erving Goffman, também mostraram que as pessoas estão dispostas a dar tudo por tudo para evitar sentirem-se envergonhadas em público.

Vários líderes famosos inculcaram nos seus subordinados o medo de ser punido, de ser alvo de chacota, e de ser humilhado, e pelos vistos com bons resultados. Rod Kramer descreveu como o reconhecidamente duro general norte-americano George S. Patton costumava treinar a sua carrancuda "cara de general" em frente ao espelho, porque "queria que esta fosse uma cara tão amedrontadora e ameaçadora quanto possível". Os soldados de Patton temiam a sua ira, mas também lutavam por ele com todas as suas forças, porque admiravam a sua coragem e não o queriam decepcionar. Kramer também refere que vencedor do prémio Nobel, James Watson, (que descobriu a estrutura do ADN em conjunto com Francis Crick) "irradiava desprezo", muitas vezes "ignorava a mera cortesia vulgar e a conversa educada", e era capaz de ser "brutal". Watson intimidava os cientistas rivais, que ele via como "coleccionadores de selos" sem imaginação, mas inspirou muitos dos seus alunos a tornarem-se cientistas famosos porque, como disse um deles, ele "introduzia sempre a mistura certa de medo e paranóia, por isso fartávamo-nos de trabalhar".

Os líderes, os políticos e os cientistas que são idiotas efectivos nem sempre são desagradáveis o tempo todo; os seus seguidores são motivados tanto pelos "custos" da punição e da humilhação, como pelos "benefícios" da cordialidade e do reconhecimento, que lhes custaram a merecer. Já relatei o histórico de explosões de raiva de Bob Knight, mas ele muitas vezes também era cordial e encorajador para com os seus jogadores. O bem documentado "Efeito Contraste" psicológico ajuda a explicar porque é que líderes como Knight, que têm um historial de apoucar e menosprezar os seus subordinados – alternando com cordialidade e louvor – podem gerar muito esforço e lealdade.

Investigações relacionadas sobre "os efeitos polícia bom, polícia mau" mostram que os criminosos têm uma maior probabilidade de confessar os seus crimes e que os devedores têm uma maior probabilidade de pagar as suas dívidas quando são expostos a "agentes de influência" agradáveis e desagradáveis, ou a uma única pessoa que alterne entre ser desagradável e agradável. O contraste faz com que a ameaça do polícia mau pareça ainda mais ameaçadora (e, consequentemente,

As virtudes dos idiotas

tornam a punição e a humilhação mais pronunciadas) e com que o polícia bom pareça mais cordial e mais razoável (e até alguém a quem vale a pena agradar), do que quando se encontra apenas um bom polícia ou um mau polícia. Da mesma forma, os efeitos motivacionais da crueldade e da simpatia de Bob Knight em relação aos seus jogadores eram intensificados do mesmo modo, levando-os a fazer tudo o que estivesse ao seu alcance para evitar a sua ira e para cair nas suas boas graças. Rod Kramer conclui que uma motivação parecida leva as pessoas que trabalham com Steve Jobs a querer ser tão perfeitas quanto possível: Jobs tanto transmite confiança extrema nas pessoas (e nele próprio) como expressa desagrado extremo quando estas falham. Como disse um antigo funcionário da Pixar: "Tínhamos pavor de desiludi-lo. Ele acreditava tanto em nós que ficávamos doentes só de pensar que o poderíamos decepcionar."

Chamar à razão pessoas preguiçosas, com falta de noção, e injustas

Infelizmente, mesmo que não seja um idiota certificado, e mesmo que despreze as pessoas que merecem o rótulo e fuja delas como o diabo da cruz, há momentos em que é útil fazermo-nos passar por idiotas temporários para obter algo de que precisamos ou que desejamos. Pessoas educadas que nunca se queixam nem discutem são agradáveis de ter por perto, mas estas pessoas que se deixam pisar são muitas vezes vítimas de gente gananciosa, indiferente, ou cruel. Há muitas provas de que "quem não chora não mama".

Por exemplo, se não reclamar junto da sua seguradora quando esta inicialmente se recusa a pagar uma conta médica, as suas hipóteses de a situação ser invertida e de mais tarde a seguradora lhe enviar um cheque são zero. E reclamar, pelos vistos, compensa. Um estudo realizado recentemente por investigadores da Rand Corporation e da Universidade de Harvard apurou que de 405 pedidos de doentes a companhias de seguros norte-americanas que recusaram pagamentos relativos à utilização dos serviços de urgência, 90 por cento acabaram por ser pagos, num valor, em média, de 1100 dólares.

É certo que tanto para a sua saúde mental como para a dos seus alvos, todas as reclamações e outros esforços que fizer para obter aquilo que merece

Sobreviver nas empresas

e para chamar as pessoas à razão devem ser feitos de forma educada. Mas há alturas em que ser desagradável, e até mesmo ter um ataque de fúria estratégico, parece ser a única forma de se fazer ouvir. Em 1990, estudei cobradores de contas por telefone. Passei horas a ouvir as suas chamadas de cobrança, tive uma semana de formação, e passei cerca de 20 horas a fazer as minhas próprias chamadas para cobrar gente atrasada nos seus pagamentos dos cartões Visa e Mastercard.

Na organização de cobrança que estudei, ensinavam-nos que não havia razão para "criticar severamente" devedores hostis, uma vez que eles já estavam suficientemente angustiados. O desafio era acalmá-los e concentrá-los em pagar a conta. Pelo contrário, éramos ensinados a "criticar severamente" os devedores que pareciam estar demasiado calmos ou indiferentes em relação às contas que tinham por pagar. Os cobradores talentosos utilizavam um tom de voz ríspido e tenso em relação às pessoas que não pareciam estar "suficientemente preocupadas" com as contas por pagar; faziam ameaças (legítimas) como, "Quer poder vir a comprar uma casa? Quer poder vir a comprar um carro? Se quer, é melhor pagar já." Os melhores cobradores eram desagradáveis para os devedores aparentemente indiferentes, os relaxados ou agradáveis, pois isso ajudava a criar uma "sensação de alarme e de urgência".

Há também situações em que as pessoas são tão despistadas, tão incompetentes, ou ambas as coisas, que a única forma de as alarmar é ter um *ataque de fúria estratégico*. Mesmo aqueles de nós que não consideram o ataque de fúria um requisito profissional importante, às vezes têm um quando nada mais parece funcionar. Tomemos como exemplo a experiência que eu, a minha esposa Marina, e os nossos filhos Tyler, Claire, e Eve tivemos com a Air France no Verão de 2005, quando fazíamos a viagem de regresso a casa, vindos de Florença, num voo que fazia escala em Paris. Quando chegámos ao aeroporto de Florença, uma funcionária da Air France disse-nos que não nos podia dar um cartão de embarque para a nossa viagem Paris – São Francisco (uma outra funcionária disse-nos mais tarde que ela podia tê-lo feito mas que "provavelmente tivera preguiça de o fazer"). O nosso voo para Paris estava tão atrasado que tínhamos menos de 30 minutos para percorrer o aeroporto, que é enorme, passar por inúmeros pontos de controlo de segurança, e pedir cinco cartões de embarque.

Chegámos ao balcão de transferências cerca de 15 minutos antes do voo partir. Estavam talvez uns oito funcionários atrás do balcão, não havia fila, apenas os funcionários a conversarem uns com os outros. Depois de termos perdido vários minutos a pedir, de forma educada, que dessem atenção à nossa situação, virei-me para a minha mulher e para os meus filhos e disse: "Tenho de começar a gritar com eles, não tenho alternativa, páro de o fazer assim que nos começarem a ajudar". Por isso, comecei a berrar que estávamos atrasados, o quanto já tínhamos sido mal tratados, e que eles precisavam de nos ajudar *imediatamente*. Falei de facto muito alto e fui muito desagradável. Quando eles finalmente começaram a dar atenção ao problema, aperceberam-se de quão atrasados estávamos e começaram a tentar resolver atabalhoadamente a situação. Mal começaram a ajudar, calei-me, afastei-me do balcão, e pedi desculpa aos meus filhos, explicando-lhes novamente que se tratara de um ataque de fúria estratégico. Depois, foi a minha mulher Marina, racional, agradável, e calma que lidou com eles (por isso, também houve um pouco de polícia bom, polícia mau). Emitiram rapidamente os cartões de embarque, apontaram para a porta de embarque e disseram, "corram o mais rápido que conseguirem e pode ser que cheguem a tempo." Foi por pouco, mas conseguimos.

Vendo essa experiência em retrospectiva, realmente não sei o que podia ter feito de diferente para fazer com que esses funcionários da Air France, despistados e indiferentes, dessem atenção à nossa situação, pois estavam a tratar-nos como se fôssemos completamente invisíveis, até eu ter começado a berrar.

A conclusão: algumas virtudes são verdadeiras, muitas são ilusões perigosas

A triste verdade é que há realmente vantagens pontuais em comportarmo--nos como idiotas. Libertar o imbecil que há em nós pode ajudar-nos a ganhar poder, a derrotar os nossos rivais, a motivar o desempenho estimulado pelo medo, a chamar à razão pessoas despistadas e incompetentes, e, claro, retribuir o favor a outro idiota pode fazer-nos sentir bem e mesmo melhorar a nossa saúde mental.

Há também outros aspectos positivos. Uma outra justificação para nos comportarmos como idiotas é que se queremos que nos deixem em paz, ou porque temos trabalho para fazer ou porque estamos fartos de ter de lidar com os outros, fazer um olhar furioso e resmungar, e outras formas de irritabilidade, são meios esplêndidos de afastar intrusos indesejáveis. Ao longo dos anos, tenho vindo a reparar que os membros da faculdade de Stanford que são ríspidos com os visitantes parecem não ter problemas em trabalhar nos seus gabinetes sem ser interrompidos; enquanto que aqueles que cumprimentam com um sorriso todo e qualquer visitante inopinado parecem ter de enfrentar um fluxo constante de estudantes, membros da faculdade e colegas. A técnica "polícia bom, polícia mau" também funciona neste caso. Há alguns anos trabalhei com uma colega que fazia um ar chateado e um olhar irritado aos visitantes que batiam à porta do meu gabinete quando estávamos a trabalhar. Esses visitantes percebiam rapidamente a mensagem da minha colega e não ficavam lá muito tempo; de facto, raramente voltavam a bater à porta. O resultado das suas acções hostis foi permitir que eu fosse visto como uma pessoa simpática por todos esses visitantes e ainda assim conseguir fazer o meu trabalho!

Fiz um resumo das principais lições deste capítulo numa pequena lista: se quiser ser o melhor idiota possível para si próprio e para a sua organização, veja a lista em baixo "Quer ser um idiota eficaz?" Mas devo avisá-lo, como fiz no início, que as ideias contidas neste capítulo são perigosas. Pessoas que são imbecis destrutivos podem usá-las para justificar e louvar os seus meios perversos. O peso dos indícios (ver o capítulo 2) mostra que os idiotas, em especial os idiotas certificados, fazem mais mal do que bem.

Tabela nº 1
Quer ser um idiota eficaz?
Principais lições

1. Manifestar raiva, e mesmo crueldade, pode ser um método eficaz de agarrar e manter o poder. Ascenda ao topo da hierarquia passando por cima dos seus "colegas", manifestando raiva em vez de tristeza, ou aperfeiçoando uma "cara de general" como fazia George S. Patton.

2. **A crueldade e a intimidação são especialmente eficazes para derrotar os concorrentes.** Siga os passos da lenda do basebol Ty Cobbs, e obtenha sucesso utilizando uma forma de falar ríspida, fazendo *bullying*, críticas, e ameaças, e incutindo medo nos seus adversários.

3. **Se rebaixar os seus colaboradores para os motivar, alterne isso (pelo menos de vez em quando) com louvor e encorajamento.** Alterne os "benefícios" e os "custos", o contraste entre os dois faz com que a sua raiva pareça mais severa e com que a sua amabilidade ocasional pareça mais agradável.

4. **Forme uma "dupla tóxica".** Se é uma pessoa desagradável, faça equipa com alguém capaz de acalmar ou outros, de compor as coisas, e que consiga obter favores e trabalho extra das pessoas, que ficarão agradecidas ao "polícia bom". Se é uma pessoa "demasiado agradável" pode "alugar um imbecil", talvez um consultor, um gestor duma empresa de trabalho temporário, ou um advogado.

5. **Ser um idiota completo, constantemente, não resulta.** Os idiotas eficazes têm a capacidade de libertar o seu veneno mesmo no momento certo, e de apagá-lo quando a sua vítima já tiver suportado destruição e humilhação suficientes.

É certo que há por aí idiotas de sucesso, mas não é preciso que se comporte como um imbecil para ter uma carreira de sucesso ou liderar uma organização de sucesso. Há muitas pessoas cordiais e que têm consideração pelos outros que são a prova disso. São exemplos os líderes de negócios sucesso como A. G. Lafley da Procter & Gamble, John Chambers da Cisco, Richard Branson da Virgin, e Ann Mulchay da Xerox. Penso na Oprah Winfrey e numa das estrelas mais educadas e atenciosas de sempre, Elvis Presley. É importante, também, salientar que muitos dos *bullies* empresariais conhecidos perderam os seus empregos nos últimos anos, pelo menos em parte devido à sua forma desagradável de ser. Os exemplos incluem Michael Eisner da Disney, Linda Wachner da Warnaco, e Al Dunlap da Sunbeam.

Em geral, as organizações que incutem compaixão e afastam o medo atraem melhores talentos, têm menos custos de rotação de pessoal, partilham ideias com mais liberdade, têm menos competição interna disfuncional, e triunfam sobre a concorrência. As empresas podem obter uma vantagem competitiva dando às pessoas respeito pessoal, formação para serem gestores humanos e eficazes, tempo e recursos para cuidarem de si e das suas famílias, utilizando o *lay-off* como último recurso, e fazendo com que seja seguro expressar preocupações, tentar coisas novas, e falar abertamente sobre os erros. Estar na lista das "100 melhores empresas para se trabalhar" da revista *Fortune* está associado a um desempenho financeiro superior, e as provas dos benefícios financeiros a longo prazo de tratar as pessoas com dignidade e respeito – em vez de tratar o negócio como "uma corrida pelo lucro" – estão documentadas em vários estudos de investigadores de renome, incluindo Mark Huselid da Rutgers, e Charles O´Reilly e Jeff Pfeffer de Stanford.

Isto suscita uma questão difícil: porque é que tantas pessoas se comportam como idiotas e pensam que, em geral, isso é eficaz mesmo quando há tantas provas em como essa é uma forma completamente estúpida de agir? O meu palpite é que existem muitos idiotas que estão cegos devido a várias características entrelaçadas do discernimento humano e da vida organizacional. Se o preocupa que esteja, ou que alguém que conhece esteja, a sofrer desse tipo de ilusões de eficácia, veja a minha lista de "Porque é que os idiotas se enganam a si próprios", no final deste capítulo, que deriva essencialmente de três deduções erradas.

A primeira dedução errada é que embora a maioria dos imbecis tenha sucesso apesar de, e não por causa da sua maneira de ser perversa, eles tiram

As virtudes dos idiotas

a conclusão, incorrecta, de que a sua crueldade é essencial para o seu sucesso. Uma razão pela qual isto acontece, como mostram muitas dos estudos de psicologia, é que a maioria das pessoas procura e lembra-se dos factos que vão ao encontro das suas tendências, e ao mesmo tempo evita e esquece os factos que contradizem as suas mais profundas convicções. O hóquei no gelo profissional dá-nos um exemplo interessante sobre isso. As pessoas envolvidas no desporto acreditam, em geral, que quanto mais uma equipa entrar em conflitos, mais jogos vai ganhar, porque os adversários vão ficar física e psicologicamente intimidados. No entanto, uma análise de mais de 4000 jogos do campeonato de Hóquei, disputados entre 1987 e 1992, mostra que quanto maior o número de conflitos em que as equipas estiveram envolvidas (medidos através de faltas por conduta incorrecta), maior o número de jogos que perderam. Entrar em conflito pode, mesmo assim, ajudar as equipas de outras formas, porque como Don Cherry (o apresentador de hóquei mais conhecido do Canadá) disse ao *The New York Times:* "Os jogadores gostam de o fazer, os adeptos gostam, os treinadores gostam." Os melhores indícios sugerem, no entanto, que menos conflitos significam mais vitórias, mesmo que a maior parte das pessoas envolvidas no jogo não acredite nisso.

A segunda dedução errada surge porque as pessoas confundem as tácticas que as ajudaram a adquirir poder com as tácticas que são melhores para liderar uma equipa ou uma empresa. Como vimos, há provas de que intimidar e criticar severamente os outros pode ajudar as pessoas a obter poder, em especial em lugares com culturas competitivas e desagradáveis. O reverso da medalha é que a eficácia de uma equipa e de uma organização depende de se ganhar confiança e de ter a cooperação de pessoas de dentro e de fora. Quando os líderes rebaixam os seus subordinados e tratam os parceiros de outras empresas, fornecedores, ou clientes como inimigos em vez de amigos estimados, as suas organizações ficam prejudicadas. As pessoas mal intencionadas às vezes chegam a cargos de poder passando por cima dos outros e usam as suas manobras de rebaixamento para protegerem o seu poder. Mas a não ser que elas mudem a sua forma de ser destrutiva, e a sua reputação de manipular os outros através do medo, terão muita dificuldade em ganhar a confiança e ter a cooperação necessárias para estimular uma equipa de topo e o desempenho da organização.

Sobreviver nas empresas

A terceira dedução errada tem origem nas medidas defensivas que as vítimas experientes utilizam para se proteger de acções cruéis e vingativas, que têm o efeito secundário de impedir que os idiotas se apercebam dos danos que infligiram. Em primeiro lugar, as vítimas aprendem a evitar a ira dos seus opressores dando--lhes apenas as boas notícias e deixando de falar sobre, ou mesmo escondendo, as más notícias. Isto alimenta uma ilusão de eficácia por parte dos idiotas. As pessoas também aprendem a "fingir" quando o *bully* está a monitorizar as suas acções. Estas mudam radicalmente o que estão a fazer quando o chefe ou outra pessoa com poder as observa a trabalhar, mas logo que o imbecil se vai embora voltam a fazer as coisas "erradas". Desta forma, os opressores passam a vida a acreditar que estão a inspirar a eficácia, quando, na realidade, isso só acontece nos momentos raros em que se impõem de forma activa sobre os seus subordinados. As pessoas com experiência em "gestão de chefes idiotas" também aprendem que a sua sobrevivência depende de se protegerem da culpa, da humilhação e da recriminação, em vez de fazerem o que é melhor para a organização.

Nas situações em que são os imbecis a mandar, as pessoas de fora também aprendem a sobreviver, e acabam por conseguido. As "tarifas de idiotas" são um bom exemplo: falei com vários consultores de gestão e com alguns técnicos de reparação de computadores e canalizadores, que cobram tarifas mais altas a clientes desagradáveis – que, na maior parte das vezes, nem se apercebem disso. Estas "tarifas de idiotas" produzem dois efeitos: um deles é o de afastar os clientes desagradáveis, e o outro é se o cliente pagar, por exemplo, o dobro da tarifa normal, pode sempre justificar esse facto a si próprio pensando "eles podem ser idiotas, mas eu estou a castigá-los por isso e a tirar partido disso". E, mais uma vez, os imbecis pagam um preço – quer seja por não conseguirem atrair as melhores pessoas ou por pagarem mais pelos seus serviços – mesmo que não tenham consciência dos danos que provocam a si próprios.

Os idiotas também não percebem que sempre que rebaixam alguém – seja com um olhar desagradável, com uma piada ou uma provocação maldosa, por tratar a pessoa como invisível, ou por aumentar a sua própria importância mais uma vez – a sua lista de inimigos cresce e torna-se

As virtudes dos idiotas

mais comprida dia após dia. O medo obriga a maior parte dos seus inimigos a ficarem quietos, pelo menos por algum tempo. Mas à medida que os seus inimigos crescem, em número e em poder, podem ficar à espera até que aconteça alguma coisa que enfraqueça o poder do *bully*, como o aparecimento de problemas de desempenho da organização ou um pequeno escândalo. Então, eles atacam. Não é possível estar num cargo de poder sem irritar nem hostilizar algumas pessoas, mas pessoas aparentemente insensíveis, desagradáveis, e pouco simpáticas, muitas vezes fazem mais inimigos do que imaginam.

Para concluir, quero clarificar as minhas convicções pessoais. Mesmo que não existissem vantagens de desempenho em barrar, expulsar, e modificar pessoas desagradáveis e que rebaixam os outros, eu mesmo assim iria querer que as organizações aplicassem a "regra idiotas não". Este livro não se destina a ser apenas um resumo objectivo das teorias e das investigações sobre a forma como os idiotas enfraquecem a eficácia das organizações. Escrevi-o porque a minha vida e a vida das pessoas de quem gosto é demasiado curta e preciosa para que passemos os nossos dias rodeados de imbecis.

E apesar das minhas falhas a este respeito, sinto-me obrigado a evitar infligir a outros o "imbecil que há em mim". Pergunto-me porque é que tantos idiotas não percebem que tudo o que temos na Terra são os dias das nossas vidas e que para muitos de nós grande parte das nossas vidas é passada no emprego, a interagir com os outros. Steve Jobs é conhecido por dizer que a "a viagem é a recompensa", mas para o meu gosto, por mais que admire as suas realizações, parece-me que o aspecto mais importante da questão lhe está a passar ao lado. Todos vamos acabar por morrer, e independentemente de quaisquer que sejam as virtudes racionais que os idiotas tenham, prefiro evitar passar os meus dias a trabalhar com imbecis mal intencionados e vou continuar a questionar porque é que tanta gente tolera, justifica, e louva o comportamento cruel por parte dos outros.

Tabela nº 2
Porque é que os idiotas se enganam a si próprios
Sofre de ilusões de eficácia?

1. Você e a sua organização são eficazes *apesar*, e não *por causa*, de ser um imbecil que rebaixa os outros. Está a cometer o erro de atribuir o sucesso às virtudes da sua forma desagradável de ser quando, na realidade, as suas acções de rebaixamento minam o desempenho.

2. Confunde o seu êxito em conseguir o poder com sucesso organizacional. As capacidades que lhe permitem conseguir um emprego poderoso são diferentes – muitas vezes, o oposto – das capacidades necessárias para fazer bem o seu trabalho.

3. As notícias são más, mas as pessoas só lhe contam as notícias boas. O problema de se "atacar os mensageiros de más notícias" significa que as pessoas têm medo de lhe dar as más notícias, porque irão ser humilhadas e recriminadas. Por isso, pensa que as coisas estão a ir da melhor forma quando, na realidade, há muitos problemas.

4. As pessoas fingem quando está por perto. O medo faz com que as pessoas façam "as coisas certas" quando estão a ser observadas por si. Assim que sai, elas voltam ao comportamento menos eficaz ou mesmo destrutivo – que não vê.

5. As pessoas trabalham para evitar a sua ira, em vez de fazerem o que é melhor para a organização. Os únicos funcionários capazes de sobreviver ao seu estilo de gestão dedicam toda a sua energia a evitar serem recriminados em vez de resolverem os problemas.

6. Estão-lhe a cobrar "tarifa de idiota", mas não sabe. As pessoas consideram-no tão imbecil que só estão dispostas a trabalhar para si e para a sua organização se pagar verbas mais altas.

7. Os seus inimigos estão quietos (por agora), mas a lista continua a crescer. As acções de rebaixamento significam que, dia após dia, faz com que mais pessoas se virem contra si, sem se aperceber disso. Os seus inimigos não têm o poder necessário para acabar já consigo, mas estão calmamente à espera de o expulsar.

Capítulo 7

A "regra idiotas não" como forma de vida

A PRIMEIRA VEZ QUE OUVI FALAR DE UM LIVRO sobre idiotas foi há mais de 30 anos. Foi num restaurante italiano, em São Francisco, chamado "Little Joe's", onde os clientes se sentavam atrás de um longo balcão que ficava de frente para uma cozinha aberta. A maior parte de nós ia lá para ver o *chef* extravagante, que cantava, brincava com os clientes e com os empregados, e entretinha-nos fazendo chamas extraordinárias com azeite enquanto cozinhava. Os empregados usavam *t-shirts* que diziam "Faça chuva ou faça sol, há sempre fila" e esperar por um lugar sentado era divertido por causa das palhaçadas e das brincadeiras constantes. Um dia ficámos à espera atrás de um cliente especialmente malcriado, que estava sentado ao balcão: ele fez comentários grosseiros e tentou agarrar a empregada de mesa, reclamou do sabor da sua vitela à *parmigiana*, e insultou os clientes que lhe disseram para se calar.

Este indivíduo detestável continuava a deitar o seu veneno até que um outro cliente se aproximou dele e lhe perguntou, em voz alta: "Você é uma pessoa extraordinária, tenho andado por todo o lado à procura de alguém como você. Adoro a sua forma de agir. Pode dizer-me o seu nome?" Ele ficou agitado por um momento, mas depois pareceu ficar lisonjeado, agradeceu o elogio, e deu o nome.

De imediato, o outro cliente assentou-o e disse: "Obrigado, fico-lhe muito grato. Sabe, estou a escrever um livro sobre idiotas [...] e você é absolutamente perfeito para o capítulo 13." Ouviram-se gargalhadas pelo restaurante inteiro, o idiota pareceu humilhado, calou-se, e daí a pouco saiu de fininho – e a empregada de mesa ficou radiante.

Esta história é mais do que uma memória querida e divertida. Esse incidente no "Little Joe's" reflecte sete lições cruciais sobre a "regra idiotas não" que são apresentadas neste livro.

1. Algumas pessoas detestáveis podem esmagar os sentimentos agradáveis gerados por grupos de gente civilizada.

Os abusos por parte de apenas um imbecil estavam a estragar a experiência a toda a gente que estava no "Little Joe's" naquele dia. Lembre-se que, se quiser aplicar a "regra idiotas não" na sua organização, consegue obter melhores resultados se eliminar aquelas pessoas que provocam desânimo nos outros. Tenha em atenção que *as interacções negativas têm um efeito cinco vezes mais forte na disposição das pessoas do que as interacções positivas* – são precisas muitas pessoas boas para compensar os danos causados por apenas alguns imbecis que rebaixam os outros. Se quer um local de trabalho civilizado, retire inspiração do CEO que inventou o equivalente a "25 *posters* dos idiotas mais procurados" e depois afastou esses idiotas da empresa. Por isso, a primeira coisa a fazer é filtrar, modificar e expulsar todos os idiotas do seu local de trabalho. Depois será então mais fácil concentrar-se em ajudar as pessoas a tornarem-se mais agradáveis e a apoiarem-se mais.

2. É bom falar sobre a regra, mas o que realmente interessa é cumpri-la persistentemente.

É bom anunciar uma "regra imbecis não são permitidos", ou falar sobre ser "agradável e amigável", ou afixar um cartaz que diga "idiotas não". Mas todas essas palavras são desprovidas de sentido, ou pior, se elas não fizerem com que as pessoas mudem realmente o seu comportamento. Não havia regras afixadas no "Little Joe's", mas quase toda a gente que estava no restaurante percebia que, apesar da comida ser boa, a maior parte dos clientes ia lá por causa do bom ambiente. Quando o aspirante a autor humilhou o cliente desagradável, ele estava a aplicar uma regra que não estava escrita: que uma pessoa não devia estar no "Little Joe's" para espalhar intoxicação por idiotas, porque isso criava mau ambiente para todos os outros.

Não é necessário falar sobre, ou afixar, a regra se as pessoas a perceberem e agirem em conformidade. Mas se não for capaz de aplicar a regra, é melhor não dizer nada. De outra forma, a sua organização corre o risco de ser vista como desagradável e hipócrita. Relembremos o destino da Holland & Knight, a sociedade de advogados que se gabava de ter "considerado uma prioridade afastar advogados desrespeitosos, arrogantes e egoístas" e que iria aplicar uma "regra imbecis não". Tiveram má publicidade quando pessoas de dentro da sociedade expressaram "indignação" com a hipocrisia da sociedade porque um advogado com um alegado passado de assédio sexual fora promovido para um cargo de direcção.

3. A regra vive – ou morre – nos pequenos momentos.
Ter todas as filosofias de negócio e práticas de gestão adequadas para apoiar a "regra idiotas não" é inútil se não tratar a pessoa *que está mesmo à sua frente, neste momento, da forma correcta.*

O cliente que dizia que estava a escrever um livro sobre idiotas demorou menos de 30 segundos a fazer o seu belo insulto. Nesse momento, ele reforçou a regra tácita de que o "Little Joe's" era um lugar onde os funcionários e os clientes iam para se divertir, para rir e para brincar, e não para insultar e para rebaixar os outros. A mesma lição resultou da maior "intervenção de gestão de idiotas" que conheço na história da América, que envolveu mais de 7000 pessoas em 11 locais diferentes da Administração de Veteranos de Guerra (AVG). É claro que as pessoas na AVG utilizavam uma linguagem muito mais educada – palavras como *stress*, agressão, e *bullying*. Mas eu chamo-lhe "intervenção de gestão de idiotas" porque as equipas da AVG ensinaram as pessoas a reflectir sobre, e a mudar, as pequenas coisas desagradáveis que faziam, como olhar para os outros de forma irritada e tratá-los como se fossem invisíveis.

Por outras palavras, ajudaram os idiotas a reconhecer como e quando estavam a proceder mal, e mostraram-lhes como mudar esse comportamento destrutivo.

4. Devemos manter alguns idiotas por perto?

O incidente no "Little Joe's" mostra que pessoas muito más podem ser uma coisa muito boa – se lidarmos bem com elas. Aquele idiota completo era perfeito para o capítulo 13 porque as suas acções grotescas mostraram a cada cliente e a cada empregado naquele sítio cheio de gente como *não* se deviam comportar naquele lugar. Mas quero avisá-lo de que permitir que algumas pessoas detestáveis se sintam em casa na sua empresa pode ser perigoso. A verdade é que os idiotas multiplicam-se como coelhos. O seu veneno infecta rapidamente os outros e, pior, se os deixar tomar decisões de contratação, eles começam a clonar-se. Quando as pessoas acreditam que podem tratar os outros com desprezo sem sofrer as consequências, ou, pior ainda, acreditam que vão ser louvadas e recompensadas por isso, pode-se espalhar pela empresa um reinado de terror psicológico que é muito difícil de travar.

5. Aplicar a "regra idiotas não" não é apenas um trabalho da direcção.

Tenha em mente que o aspirante a autor que estava no "Little Joe's" não era um gestor. Nem sequer era um funcionário. Era apenas um cliente que estava à espera de lugar.

A lição a tirar é que a "regra idiotas não" funciona melhor quando todas as pessoas envolvidas na organização participam, quando necessário, na sua aplicação. Façamos um raciocínio matemático simples. Se, por exemplo, trabalhar numa loja que tem um gerente, 22 funcionários, e várias centenas de clientes, é impossível pensarmos que um gerente vai conseguir estar em todo o lado ao mesmo tempo, a aplicar a "regra idiotas não", ou qualquer outra norma sobre a conduta das pessoas na organização. Mas se todos os funcionários e clientes, tal como o gerente, entenderem, aceitarem e tiverem poder para aplicar a regra, então é muito mais difícil para qualquer cliente conseguir ser um idiota completo sem sofrer as consequências.

Tratar bem as pessoas significa transmitir-lhes respeito, cordialidade, simpatia, e pressupor o melhor relativamente às suas intenções. Mas o jogo muda de figura quando as pessoas se revelam imbecis absolutos. E é muito mais fácil aplicar a regra quando toda a gente se sente obrigada a transmitir aos *bullies* que a sua crueldade está a estragar a alegria de todos os outros, e – como fez o cliente inteligente ao envergonhar o idiota – quando todas as pessoas assumem a responsabilidade de carregar na tecla *"delete"* para expelir idiotas do sistema.

6. A vergonha e o orgulho são motivadores poderosos.

O cliente abusivo que estava no "Little Joe's" foi travado porque se sentiu envergonhado. Ainda me lembro como ficou todo corado, como se calou e olhou para a frente enquanto terminava a sua refeição, e evitou olhar nos olhos das pessoas que estavam na fila quando se dirigia para a saída. Como mostraram sociólogos de renome, como Erving Goffman, os seres humanos estão dispostos a dar tudo por tudo para se sentirem respeitados, e para evitarem sentir-se envergonhados e humilhados.

Esta visão simples realça e agrega grande parte dos conselhos contidos neste livro. Nas organizações onde reina a "regra idiotas não", as pessoas que a seguem e não deixam que os outros a quebrem são recompensadas com respeito e admiração. Quando as pessoas violam a regra, são confrontadas com a vergonha penosa, e muitas vezes pública, e o respectivo sentimento de humilhação. É verdade que isto raramente acontece de forma tão rápida e completa como sucedeu naquele dia no "Little Joe's". Na maioria dos lugares onde a regra é aplicada, a tecla *"delete"* é accionada com um misto mais subtil de respeito e humilhação. Mas mesmo assim acontece.

7. Os idiotas somos nós.

Penso que quando ouviu a história do "Little Joe's", se identificou com os funcionários e os clientes que se sentiram ofendidos por aquele imbecil. E talvez, como eu, tenha desejado secretamente que, um dia, por uma vez, conseguisse reunir a capacidade espontânea e a coragem necessárias para humilhar um idiota da mesma forma que fez aquele cliente inteligente.

Mas vejamos as coisas de outra forma. Pense nas vezes em se comportou como o indivíduo do balcão, quando foi o idiota da história. Gostava de poder dizer que nunca fui essa pessoa, mas isso seria uma grande mentira, como admiti em vários momentos neste livro. Se quiser construir um ambiente livre de idiotas, tem de começar a ver-se ao espelho. Quando é que foi um idiota? Quando é que apanhou e começou a espalhar esta doença contagiosa? O que pode fazer, ou já fez, para impedir o idiota que há em si de disparar contra os outros?

O passo único e mais poderoso que pode dar é seguir a "regra de da Vinci" e manter-se longe de lugares e pessoas desagradáveis. Isto significa que deve evitar a tentação de trabalhar com um grande número de idiotas, independentemente de outros benefícios (financeiros ou não) e atractivos do trabalho. Significa também que, se cometer esse erro, saia dessa situação o mais depressa que puder. E, lembre-se, como me ensinou o meu aluno Dave Sanford, "O PRIMEIRO PASSO É ADMITIR QUE SE É UM IDIOTA."

A conclusão

A essência deste livro é bastante simples: é-nos dado apenas um número determinado de horas aqui na Terra. Não seria maravilhoso se pudéssemos viver as nossas vidas sem nos cruzarmos com pessoas que nos deprimem com as suas acções e comentários cruéis?

Este livro visa erradicar essas pessoas e dar-lhes uma lição quando já retiraram completamente a auto-estima e a dignidade dos outros. Se já está realmente farto de viver rodeado de imbecis, se não quer que todos os dias pareçam um passeio pela avenida dos idiotas, bem, cabe-lhe a si construir e moldar um local de trabalho civilizado. É claro que já sabe isso. Mas será que não está na hora de fazer alguma coisa em relação a isso?

Caro leitor,

Como pôde verificar neste livro, obtive muita informação através de pessoas que me mandaram histórias e sugestões sobre *Sobreviver nas empresas*. Adorava que isso continuasse. Por isso, se quiser mandar-me um *e-mail* sobre as suas experiências com idiotas, aquilo que aprendeu sobre domá-los, como aturá-los, ou qualquer outra coisa, por favor envie-o para *nomorejerks@gmail.com*. Contudo, note que ao enviar-me a sua história está a dar-me autorização para utilizá-la naquilo que escrevo e digo. Mas prometo não utilizar o seu nome a não ser que me dê autorização expressa para tal.

Obrigado, e espero ter notícias suas em breve.

ROBERT SUTTON
Universidade de Stanford

Leitura Adicional

AQUI ESTÃO ALGUNS DOS MEUS LIVROS E ARTIGOS preferidos para quem quiser saber mais sobre pessoas desagradáveis, os danos que provocam, e como travá-las, alguns dos meus livros preferidos sobre imbecis famosos, e bibliografia sobre pessoas e os seus locais de trabalho.

ASHFORTH, Blake (1994). Petty tyranny in organizations. *Human Relations.* 47:755-79.

BOWE, John, Marisa Bowe, e Sabin Streeter (2000). *Gig: Americans Talk About Their Jobs at the Turn of the New Millennium.* Crown. Nova Iorque.

BUCHANAN, Paul (2001). "Is it Against the Law to be Jerk?" Dissertação *on-line* para a Associação da Ordem dos Advogados de Washington. http://www.wsba.org/media/publications/barnews/archives/2001/feb-01- -against.htm

COWAN, John (1992). *Small Decencies.* HarperCollins. Nova Iorque.

DAVENPORT, Noa, Ruth Distler Schwartz, e Gail Pursell Elliott (2002). *Mobbing: Emotional Abuse in the American Workplace.* Civil Society Publishing. Ames, Iowa.

EINARSEN, Stale, Helge Hoel, Dieter Zapf, e Cary L. Cooper (2003). *Bullying and Emotional Abuse in the Workplace; International Perspectives on Research and Practice.* Taylor & Francis. Londres.

FEINSTEIN, John (1989). *A Season on the Brink: A Year With Bob Knight and the Indiana Hoosiers*. Simon & Schuster. Nova Iorque.

FROST, Peter J. (2003). *Toxic Emotions at Work*. Harvard Business School Press. Boston.

FOX, Suzy e Paul E. Spector (2005). *Counterproductive Work Behavior: Investigations of Actors and Targets*. American Psychological Association. Washington, DC.

HORNSTEIN, Harvey (1996). *Brutal Bosses and their Prey*. Riverhead Press. Nova Iorque.

HUSELID, Mark A., Brian E. Becker, e Richard W. Beatty (2005). *The Workforce Scorecard: Managing Human Capital To Execute Strategy*. Harvard Business School Press. Boston.

KRAMER, Roderick (2006). "The Great Intimidators". *Harvard Business Review*. February: 88-97.

McLEAN, Bethany e Peter Elkind (2003). *The Smartest Guys in the Room: The Amazing Rise and Scandalous Fall of Enron*. Portfolio. Nova Iorque.

MACKENZIE, Gordon (1996). *Orbiting the Giant Hairball: A Corporate Fool's Guide to Surviving With Grace*. 1996. Viking. Nova Iorque.

MOONKIN, Seth (2004). *Hard News*. Random House. Nova Iorque.

O"REILLY, Charles e Pfeffer, Jeffrey (2000). *Hidden Value: How Great Companies Achieve Extraordinary Results with Ordinary People*. Harvard Business School Press. Boston.

PEARSON, Christine M. e Christine L. Porath (2005). "On the Nature, Consequences, and Remedies of Workplace Incivility: No Time For 'Nice'? Think Again." *Academy of Management Executive*. Volume 19 (1):7-18.

PFEFFER, Jeffrey (1998). *The Human Equation: Building Profits By Putting People First*. Harvard Business School Press. Boston.

SELIGMAN, Martin (1998). *Learned Optimism: How to Change Your Mind and Your Life*. Free Press. Nova Iorque.

STUMP, Al (1994). *Cobb: A Biography*. Algonquin. Chapel Hill.

www.menswearhouse.com. Visite a secção sob o título "linhas comuns" e leia sobre a filosofia da empresa. George Zimmer e a sua equipa de executivos desenvolveram o conjunto de directrizes mais completo, logicamente integrado, e mais interessante que já vi num *website* de uma empresa, para criar um local de trabalho civilizado, e eles explicam porque é que acreditam que esta filosofia os levou a dominar a sua indústria.

www.media.mit.edu/press/jerk-o-meter/. Visite o *website* para saber mais sobre como funciona o "medidor de imbecis" e sobre a investigação que esteve na origem da sua invenção.

VAN MAANEN, John (1978). "The Asshole." In P.K. Manning and John Van Maanen (Eds.), in *Policing: A view from the streets*, (pp. 231-238). Goodyear. Santa Monica, CA.

WEICK, Karl (1984). Small Wins: Redefining the Scale of Social Problems. *American Psychologist.* Vol. 39:40-49.

Agradecimentos

FOI DIVERTIDO ESCREVER *Sobreviver nas empresas* e isto é algo que nunca pensei vir a dizer de um livro. Este é o meu quarto livro de gestão. Gosto de todos eles, mas confesso que houve um sofrimento intenso que acompanhou a escrita dos três anteriores, que, desta vez, esteve em grande parte ausente. Foi tão divertido – apesar dos períodos normais de frustração e confusão – porque mal as pessoas souberam o título do livro começaram a contar-me histórias óptimas, a indicar-me fontes, e a fazer-me muitos outros favores, o que fez com que esta tivesse sido a aventura de escrita mais agradável e estimulante da minha vida. Às vezes parecia que bastava ouvir aquilo que as pessoas tinham para me contar, relembrar alguma pesquisa e teorias, olhar para aquilo que se estava a passar à minha volta, pensar no que já tinha acontecido, escrever isso tudo, e dizer muito obrigado a toda a gente.

Para começar, quero agradecer aos editores que me encorajaram a escrever os artigos que deram origem a este livro. Apesar de eu ter partido do princípio de que eles iam melhorar a minha linguagem, ou pelo menos perguntar se era necessário utilizar uma linguagem tão atrevida, eles nunca se queixaram sequer sobre ter de publicar a palavra "idiota" nas suas respeitáveis publicações. A editora-chefe Julia Kirby e o editor Thomas Stewart da *Harvard Business Review* publicaram "Mais trabalho do que merecem" em Fevereiro de 2004, e Ellen Pearlman, editora--chefe da *CIO Insight* publicou "Pessoas desagradáveis" em Maio de 2004.

Estou agradecido a todas as pessoas que me contaram histórias, me indicaram indícios, e me ajudaram de outras formas. Não posso usar os nomes de muitas delas – para proteger tanto os inocentes quanto os culpados. Mas aquelas a quem posso agradecer incluem Sally Baron, Shona Brown, Dan Denison, Steve Dobberstein, Charlie Galunic, Bob Giampietro, Liz Gerber, Julian Gorodsky, Roderick Hare, Lisa Hellrich, "Susie Q" Hosking, Alex Kazaks, Loraleigh Keashly, John Kelly, David Kelley, Tom Kelley, Perry Klebahn, George Kembel, Randy Komisar, Heleen Kist, John Lilly, Garrett Loube, Ralph Maurer, Melinda McGee, Whitney Mortimer, Peter Nathan, Bruce Nichols, Nancy Nichols, Siobhán O'Mahony, Diego Rodriguez, Dave Sanford, James Scaringi, Jeremy Schoos, Sue Schurman, e Victor Seidel. Quero também fazer um agradecimento especial ao meu herói, o autor Kurt Vonnegut, por me ter enviado um cartão manuscrito em que me dava autorização para reimprimir o seu poema "Joe Heller". Guardo-o com carinho.

Este livro também foi inspirado pelo Departamento de Engenharia Industrial e de Gestão de Engenharia de Stanford, ao qual pertenci nas décadas de 80 e 90 (que foi integrado no novo Departamento de Gestão de Empresas e Engenharia de Stanford em 1999). Foi aí que vi, pela primeira vez, em acção a "regra idiotas não". Agradeço a Jim Adams, Bob Carlson, Jim Jucker, e em especial ao director do departamento Warren Hausman pela sua isenção e sabedoria durante os bons anos que passei naquele lugar enérgico e encantador. Estou também em dívida para com muitos outros colegas de Stanford pelas muitas grandes e pequenas formas como me ajudaram, incluindo Tom Byers, Diane Bailey, Kathy Eisenhardt, Pam Hinds, Debra Gruenfled, Rod Kramer, Maggie Neale, Huggy Rao, e Charles O'Reilly III. Quero destacar muitos outros pelo seu apoio extraordinário. Steve Barley encorajou-me, aturou as minhas manias, e salvou-me de mais idiotas do que aqueles de que me consigo lembrar (incluindo eu próprio) ao longo dos anos; também me ensinou as virtudes da palavra "conclusão". Jeff Pfeffer é o meu colega e amigo mais próximo de Stanford; ensinou-me a escrever livros e dá-me constantemente apoio emocional, ideias, e críticas bem fundamentadas. Também quero agradecer a James Plummer, o reitor da Faculdade de Engenharia de Stanford, e aos associados da reitoria Laura Breyfogle e Channing Robertson, que são pessoas encantadoras, cada um deles um modelo de liderança compassiva e competente.

Agradecimentos

De facto, Channing utilizou a "regra imbecis não são permitidos" num grupo liderado por ele. Esse é o tipo de reitor de que eu gosto! E um obrigado muito especial a Roz Morf, por se interessar tanto e por facilitar as coisas de tantas, pequenas e grandes, formas.

Desenvolvi muitas das ideias que estiveram na origem deste livro quando fui membro do Centro de Estudos Avançados em Ciências do Comportamento no ano académico de 2002-2003. Este lugar idílico está escondido num canto do *campus* de Stanford, e dá a académicos de sorte como eu o lugar ideal para pensar, escrever, e ficar a conhecer investigadores de outras disciplinas. Quando saí do Centro no Verão de 2003, sentia-me frustrado porque tinha começado a escrever dois livros e não tinha terminado nenhum deles. Bem, demorei algum tempo, mas agora os dois estão concluídos e nenhum deles teria sido escrito se não tivesse estado aquele ano a pensar no que poderiam ser, e a tentar começá-los. Agradeço, em especial, a Nancy Pinkerton, Julie Schumacher, e Bob Scott.

Este livro também foi acompanhado pelos meus agentes literários, Don Lamm e Christy Fletcher da FletcherParry. Eles apanharam e estimularam o meu entusiasmo, ajudaram-me a desenvolver a proposta, e encontraram o editor perfeito. Isto leva-me a Rick Wolff, o meu editor da Warner. Tive imensa sorte em trabalhar com Rick, porque ele "entende" muito bem este livro. Ele percebeu, desde a primeira vez que falámos, que para além do título chamativo, das histórias malucas, e das reviravoltas engraçadas, *Sobreviver nas empresas* aborda como utilizar indícios claros e práticas de gestão para tentar resolver um problema que afecta milhões de pessoas todos os dias.

Quero agradecer à minha família. A minha prima Sheri Singer encorajou-me em todas as fases, e, sendo uma experiente produtora de Hollywood, ensinou-me porque é que Hollywood pode ser por vezes tão cruel – mesmo quando a opressão e a má vontade não são realmente necessárias para fazer filmes e séries de televisão. Estou em dívida para com o meu pai, o falecido Lewis Sutton, e para com a minha mãe, Annette Sutton. A experiência de trabalho e os conselhos do meu pai ensinaram-me a evitar pessoas que rebaixam os outros, e a minha mãe tem mais entusiasmo por este livro do que por qualquer outro que eu já tenha escrito. E se não fosse a ajuda que Marijke e Peter Donat nos deram a tomar conta do nosso filho Tyler, este livro não só nunca teria sido terminado como não sei como a nossa família teria conseguido ultrapassar os últimos dois anos.

Finalmente, estou grato à minha doce e prática mulher Marina, pelo seu amor e apoio durante os mais de 30 anos de vida que passámos juntos. Este pequeno livro diz muito a Marina, pois fala sobre um problema que muitas vezes afecta a sua profissão. Marina aconselhou-me sempre, fez o papel de avaliadora, e leu o texto do princípio ao fim e fez óptimas sugestões. Este livro é dedicado aos meus tão queridos, inteligentes e engraçados, filhos, Eve, Claire, e Tyler. O meu desejo mais profundo é que tenham vidas longas e felizes, sem de envolvimento com idiotas.